Diogenes Taschenbuch 23196

Anthony Minghella

Der talentierte Mr. Ripley

*Drehbuch
mit zahlreichen Filmfotos
sowie einem Vorwort
Nach dem Roman von
Patricia Highsmith
Aus dem Englischen von
Christa E. Seibicke und
Sebastian Wohlfeil*

Diogenes

Titel der 1999 bei
Mirage Enterprises/Timnick Films, Los Angeles,
erschienenen Originalausgabe:
›The Talented Mr. Ripley.
Screenplay by Anthony Minghella,
based on the novel by Patricia Highsmith‹
Copyright für das Drehbuch
© 1999 The Ant Colony, Hong Kong
Die amerikanische Originalausgabe
der Romanvorlage *The Talented Mr. Ripley*
erschien 1955 bei Coward-McCann,
die britische Ausgabe erstmals 1956 bei
The Cresset Press, London
Copyright © 1955, 1956 by Patricia Highsmith
Copyright © renewed 1983 by Patricia Highsmith
Copyright © 1993 by Diogenes Verlag AG Zürich
Christa E. Seibicke übersetzte die Seiten 7 bis 124,
Sebastian Wohlfeil (der auch die Liedtexte übertrug)
die Seiten 125 bis zum Schluß
Umschlagfoto: Matt Damon als Tom Ripley
in Anthony Minghellas Verfilmung
Umschlagfoto und sämtliche Fotos des
Bildteils von Phil Bray
Copyright © by Paramount Pictures
and Miramax Films Corp.

Deutsche Erstausgabe

Alle deutschen Rechte vorbehalten
Copyright © 2000
Diogenes Verlag AG Zürich
80/00/52/1
ISBN 3 257 23196 2

Inhalt

Vorwort   7
Drehbuch   19
Der Film in Bildern   65

Vorwort

Unschuldige Kinder lieben die Gerechtigkeit; wir aber, die wir in der Mehrzahl Sünder sind, geben begreiflicherweise der Gnade den Vorzug.

C. K. Chesterton

Kurz nach meinem Examen bekam ich den Auftrag, einen Einakter für unser Stadttheater zu schreiben. Die Chance verdankte ich einem verwegenen Abstecher in die Literatur aus meiner Studentenzeit; damals hatte ich mich erkühnt, ein Musical zu verfassen, bei dem ich auch noch Regie führte und einen eigenen Gesangspart übernahm. Ich werde heute noch rot, wenn ich daran denke. Nichtsdestotrotz vertraute mir der damalige Leiter des Ensembles, der Dramatiker Alan Plater, aufgrund dieser dilettantischen Talentprobe ein Projekt an, bei dem ich mit professionellen Schauspielern zusammenarbeiten durfte. Ich schrieb und inszenierte denn auch das Stück, das längst in der Versenkung verschwunden ist. In Erinnerung geblieben ist mir besonders eine der ersten Vorstellungen, ein Gastspiel in Grimsby, wo hauptsächlich Senioren im Publikum saßen, die per Bus aus diversen Altersheimen angekarrt worden waren. Das Stück begann mit einem langatmigen und tristen Monolog im Dunkeln, den ich ungeheuer dramatisch fand. Nach einigen Minuten fingen die Zuschauer an, sich lautstark über den vermeintlichen Stromausfall zu beschweren, und als das nichts fruchtete, verließen sie kurzerhand den Saal. Im Programmheft siedelte Alan das Stück im geistigen Umfeld des Œuvres von Patricia Highsmith an. Ich hatte noch nie von der Autorin gehört, fand es aber an der Zeit, dieses Versäumnis nachzuholen. Das erste Buch, das mir in die Hände fiel, schilderte die Abenteuer eines jungen Amerikaners, der in Europa lebte und Tom Ripley hieß.

Fast zwanzig Jahre später bat mich Sydney Pollack (ebenfalls ein Mentor von mir), zum *Talentierten Mr. Ripley,* den sein Studio verfilmen wollte, das Drehbuch zu schreiben. Da meine Arbeit am *Englischen Patienten* zu dem Zeitpunkt ohnehin stagnierte, besann ich mich auf den einzign mir nachgerühmten, wenn auch nicht gerade ruhmreichen Bezug zu der Autorin und fand die Sache überlegenswert.

Der talentierte Mr. Ripley ist der erste von insgesamt fünf Ripley-Romanen, für deren Protagonisten die Wahl eines Cocktails zur Entscheidung über Leben und Tod werden kann, manchmal sogar im wahrsten Sinne des Wortes. Geschmack ist Trumpf. Figuren- und Milieubeschreibungen kommen bei Highsmith so gut wie gar nicht vor; sie scheut Adjektive, und ihre atmosphärischen Schilderungen reduzieren sich auf nachlässig hingeworfene Skizzen. Offenbar besteht kein nennenswerter Unterschied zwischen ihrer pessimistischen Weltsicht und der ihres Protagonisten, der in einer Handvoll Romane sein Unwesen treibt, ohne je gefaßt zu werden.

Mit Tom Ripley betritt der Leser einen engbegrenzten Kosmos, in dem außer ihm fast keine andere Figur Profil gewinnt. Und wir, die wir auf seine Coolness, auf seinen verzerrten Blickwinkel hereinfallen, lassen uns weismachen, daß Dinge, die wir normalerweise verabscheuungswürdig fänden, von Ripleys Standpunkt aus sehr wohl vertretbar sind. Von seiner hypersensiblen Warte aus wird die Welt zum Gruselkabinett – Ripley ist hochgradig gefühlsbetont; mal trunken vor Erregung, mal abgrundtief verzweifelt; mitunter stürzt er völlig ab, und immer bleibt er der Außenseiter, der sich nach Gesellschaft sehnt, aber zum Alleinsein verdammt ist. In seiner Handlungsweise spiegelt sich eine extreme Reaktion auf Gefühle, die keinem von uns fremd sind: die Ahnung von einem besseren Leben, das irgendwo irgendwer genießt, der kein so nichtssagendes Dasein fristen muß wie wir. Eine ganz menschliche Schwäche. Denn irgendwann hat jeder von uns seine Tom-Ripley-Phase, wie wir ja auch alle einen Dickie

Greenleaf kennen, den Menschen, der alles hat und dessen Gunstbeweise unserem Selbstwertgefühl mächtig Auftrieb geben. Wer von uns hätte sich nicht schon in dieser Gunst gesonnt und fröstelnd ihren Verlust betrauert.

Just diese verstörende Affinität zu Ripley, einem der interessantesten unter den brüchigen Charakteren der Weltliteratur, sowie das beklemmende Gefühl, seine Geschichte zu kennen, und sei es auch nur aus einem Alptraum, waren ausschlaggebend für meine Entscheidung, den Film zu machen. Also nicht etwa Sympathie für den Negativ-Helden, sondern die beklemmende Erkenntnis, daß vielleicht auch wir etwas von diesem überzeugenden Paria in uns tragen; nicht Zustimmung, sondern die Einsicht, daß wir ohne ein stützendes Moralkorsett genauso enden könnten wie er. Bei der Adaption der Romanvorlage kam es darauf an, die Zuschauer im Kino ebenso in Bann zu schlagen, wie ich mich von der Lektüre hatte gefangennehmen lassen. Wer Ripleys Reise in jedem Stadium verinnerlicht, dem ergeht es wie einem Kind, das, ohne die Strömung einzukalkulieren, ins Meer hinausschwimmt: Erst wenn man sich umschaut, erkennt man, wie gefährlich weit man schon vom Ufer entfernt ist.

Die Erstellung eines Drehbuchs nach literarischer Vorlage ist per definitionem ein redaktioneller Vorgang, der dem Bearbeiter unzählige Entscheidungen abverlangt: Wovon handelt das Buch? Wie läßt es sich auf die vorgegebene Spielfilmlänge bringen? Wie vermittelt man die geheimen Gedanken und Sehnsüchte, die ein Romancier beschreiben, der Film aber nur unterschwellig suggerieren kann? Was soll am Anfang, was am Ende stehen, und wie läßt sich die Sprache des Autors adäquat bebildern? In den Antworten auf diese Fragen schlagen die Präferenzen des Autors ebenso deutlich zu Buche, wie sie der Aufarbeitung des Stoffes dienen und der Gliederung der Story. Damit das Kinopublikum der Handlung folgen kann und Gefallen daran findet, muß der Dramaturg beim Lesen gewissermaßen eine Leinwand im Kopf haben, auf der das Geschehen szenisch mitläuft. Wobei natürlich jeder Leser einen anderen Film sehen wird. Und last but not least sollte ein Drehbuchschreiber immer nur den Film, der in seinem Kopf abläuft, an das Publikum weitergeben. *So hat es sich mir dargestellt, das waren meine Gedanken beim Lesen.* Damit rückt der Skriptautor in die Rolle des Vermittlers, der Fremdes nahebringt, die spannendsten Stellen präsent hat, besonders gelungene hervorhebt und rätselhafte vertieft, der den moralischen Imperativ ergründet, für die richtige Mischung von Nervenkitzel und Tränenfluß sorgt und – im Idealfall – das Kinopublikum auf dem Umweg über den Film an den Roman heranführt, der ja gottlob von seiner Bearbeitung verschont geblieben ist. Aber wie schon Italo Calvino über die Erzählkunst gesagt hat: Richtig schön wird eine Geschichte erst dann, wenn man sie gebührend ausschmückt. Und unter dem Gesichtspunkt profitiert der Filmemacher sogar von den Zwängen seines Mediums, in dem er Szenen je nach Bedarf hervorheben oder abschwächen kann. Für sich genommen ist das Drehbuch sowohl Diskurs mit dem Quellenmaterial als auch Kommentar dazu. Allerdings läßt sich Patricia Highsmith' glänzend konstruierter Roman mit seiner Absage an jegliche moralische Instanz, lassen sich Ripleys Solipsismus, das harsche Urteil, dem die Autorin jeden außer ihm unterzieht, und endlich die vielen eingebauten dramaturgischen Kunstgriffe – irreführende Briefe, peinliche Zusammentreffen – nicht ohne weiteres plausibel auf die Leinwand transponieren.

Doch wenn der Filmemacher auf den intimen Rahmen des Romans, auf das Zwiegespräch zwischen Autor und Leser verzichten muß, so stehen ihm dafür andere, nicht minder wirksame Mittel zur Verfügung. Die Filmsprache mit ihrer einzigartigen Möglichkeit, durch den Wechsel zwischen Großaufnahme und Totale die Wahrnehmung des Zuschauers zu manipulieren, eignet sich bestens dazu, das Verhalten des einzelnen im gesellschaftlichen Kontext zu beleuchten. Und die filmische Dramaturgie vergegenwärtigt uns besonders anschaulich, wie sehr wir als Individuen buchstäblich im Banne eines übergeordneten Szenarios stehen.

Das war er, der Befreiungsschlag, mit dem er auf der Überfahrt von Amerika geliebäugelt hatte. Nun waren seine Vergangenheit und mit ihr er selbst, Tom Ripley, der ein Teil dieser Vergangenheit war, endgültig ausgelöscht, und seiner Wiedergeburt in völlig neuer Gestalt stand nichts mehr im Wege.

Nach meiner Lesart signalisiert Ripleys Vereinsamung am Ende des Romans – ungeachtet all seiner Phantastereien von der Freiheit, die er sich durch seine Lügen und Machenschaften erkauft hat –, daß seine Geschichte doch einen moralischen Kern besitzt. Der Leser weiß ja, daß Ripley sich etwas vormacht, daß der scheinbare »Befreiungsschlag« in Wahrheit nur das Fluchtgebaren des unsteten Globetrotters widerspiegelt. Seine vermeintliche Wiedergeburt ist nur eine Scharade auf Zeit und hält den Hochstapler zudem in ständiger Furcht vor Entlarvung und den damit einhergehenden Demütigungen gefangen. Es ist die Angst, als Betrüger aufzufliegen, die Ripley überhaupt erst zum Betrüger werden läßt. Dreh- und Angelpunkt des Films wird folglich Ripleys Credo, es sei besser, ein falscher Jemand zu sein als ein echter Niemand. Und so entsteht auch eine Geschichte über Standesdünkel.

Der Roman handelt von einem Mann, der mordet und nicht gefaßt wird. Entsprechend handelt auch der Film von einem Mann, der mordet, ohne gefaßt zu werden. Gleichwohl weicht er in einem entscheidenden Punkt von der Vorlage ab, und zwar mit der Schlußfolgerung, daß es nicht auf dasselbe herauskommt, ob man sich seiner persönlichen Verantwortung entzieht oder der von der Gesellschaft postulierten Gerechtigkeit. Der Film bejaht also den moralischen Imperativ: Ein Mord mag ungesühnt bleiben, aber der Mörder kommt trotzdem nicht ungeschoren davon. Als Ripley, der sich immerzu nach Liebe sehnt, der lieben und geliebt werden möchte, seine Chance auf Liebe endlich bekommt, muß er den Geliebten töten. Am Ende des Films ist er wieder allein, und seine Freiheit gerät ihm zur Hölle, die er sich selbst geschaffen hat. Wie bei Dante, dessen Purgatorium ja auch eine Art karmischen Widerschein des Lebens vorstellt – die Speichellecker tunkt man in den Kot, die Ehebrecher müssen bis zum Jüngsten Tag jedem Rock nachstellen –, so hat auch Ripley, indem er sich auslöschte und die Identität eines anderen annahm, sich um die Freiheit gebracht, jemals wieder er selbst zu sein.

Auf dieser ausweglosen Tragik baut das Drehbuch auf, das ansonsten die ambivalente Erzählweise des Romans zu wahren sucht und, statt den moralischen Zeigefinger zu erheben, Ripleys Taten lieber in ihren seelischen Auswirkungen auf den Täter beleuchtet. Und da kein Richter auftritt und dem Recht zum Sieg verhilft, ist das Publikum aufgerufen, das Urteil selbst zu fällen. Eine Strategie, die eine Reihe von dramaturgischen Eingriffen nach sich zieht. So tötet Ripley – in Abweichung vom Roman – Dickie nicht vorsätzlich; ganz im Gegenteil. Die Mordszene beginnt damit, daß Ripley den tragischen Fehler begeht, Dickie seine innigen Gefühle zu offenbaren, und grausam zurückgestoßen wird. Dickie fällt einem blindwütigen Zornesausbruch zum Opfer, und es ist seine eigene Gewaltbereitschaft, die einen reflexhaften Ruderschlag zum verbissenen Kampf auf Leben und Tod eskalieren läßt.

Sein Tod ist ein Unfall, der Ripley ganz nebenbei eine unerhörte Chance bietet. Und wie so oft in dieser Geschichte ist es eine Chance, die er ebensosehr aus Scham wie aus Berechnung ergreift. Ripleys Höllenfahrt beginnt damit, daß er sich ein Jackett borgt, weil er selber kein anständiges besitzt. Und sie nimmt ihren Fortgang damit, daß er, vermeintlich aus dem gleichen Grund, eine geborgte Identität annimmt.

Peter Smith-Kingsley, im Roman eine bloße Randfigur, gehört im Film zu den Protagonisten. Daß er Ripley als Ripley bejaht, liefert dramaturgisch gesehen genau die ironische Brechung, mit der auch Patricia Highsmith die Selbstauslöschung Ripleys und seiner Vergangenheit behandelt: Indem er Peter umbringt, zerstört Ripley seine einzige Chance, glücklich zu werden. Peter ist nicht nur die ausgeglichenste Gestalt des Films, an ihm wird auch deutlich, daß Ripleys pathologisches Verhalten nicht sexuell bedingt ist. Gleichermaßen dramaturgisch aufgewertet wurde Herbert Greenleafs Verhältnis zu Dickie. Im Film ist es das mangelnde Vertrauen eines Vaters in seinen Sohn, das den Mechanismus aus Lügen und Fluchten erst in Gang setzt. Vater Greenleaf in seiner Borniertheit übersieht schlicht, daß Ripley bei allem, was geschehen ist, seine Hand im Spiel hatte. Dem voreingenommenen Vater erscheint Ripley als das positive Pendant zu Dickie, als der Sohn, den er, Herbert Greenleaf, gern gehabt hätte. Überhaupt gibt es in dieser Geschichte keinen, dem Verblendung und Vorurteil nicht den Blick für die Wahrheit verstellen. Einzig Marge Sherwood, deren Rolle dem Roman gegenüber aufgewertet wurde, ist unvoreingenommen genug, um Ripley anfangs freundlich aufzunehmen und später Verdacht gegen ihn zu schöpfen. Doch gegen die Männerbündelei, von der die Geschichte ebenso geprägt ist wie die Zeit, in der sie spielt, kann Marge nichts ausrichten. Und da es diesen Männern in erster Linie um Schadensbegrenzung geht, deuten sie Marges untrügliches Gespür für die Wahrheit lieber als törichte Verirrung eines gebrochenen Herzens. Meredith Logue, eine Figur, die im Roman nicht vorkommt, bietet Ripley die Möglichkeit, sich, analog zu seinem Bild von Dickie, auch eine eigene Version von Marge zu erschaffen. Indem Meredith hinzukommt, wird darüber hinaus betont, daß die Geschichte in erster Linie von jungen Menschen handelt, die alle vor irgend etwas davongelaufen und nun dabei sind, sich dem Land, in das es sie verschlagen hat, anzuverwandeln. Sie sind, wie Meredith einmal spontan formuliert, *Partner inkognito*.

Das Land, in dem ihre Scharade spielt, ist Italien.

Rom hatte Schick. Rom war ein Teil seines neuen Lebens. Wo immer er sich aufhielt, ob in Mallorca, in Athen oder Kairo, er wollte sagen können: »Ja, ich lebe in Rom. Ich habe dort eine Wohnung.«

Bereits zwei Generationen vor Ripley waren Amerikaner nach Europa gereist, um auf dem alten Kontinent ihre Identitäts- und Sexualprobleme auszuloten. Es ist kein Zufall, daß auch Patricia Highsmith sich in den fünfziger Jahren in Europa niederließ, gewissermaßen als Weggefährtin von Marge und Meredith. Und in ihrem Buch finden sich auch nicht zufällig Anklänge an *Die Gesandten* von Henry James, einem gefeierten Exilamerikaner des neunzehnten Jahrhunderts. Die Tradition der *Grand Tour*, auf der man die Alte Welt erkundete, sich in die europäische Kultur vertiefte, behielt unter den reiselustigen Amerikanern auch dann noch ihre Faszination, als das europäische Geistesleben längst vom amerikanischen Zeitgeist erobert und dessen Vorbild angeglichen worden war. Im Film fällt Italien eine Schlüsselrolle zu. Seine Landschaften, die in weiten Teilen noch so erhalten sind, wie die Maler der Renaissance sie verherrlicht haben, seine große

Vergangenheit als Zentrum der europäischen Klassik üben nach wie vor einen unwiderstehlichen Reiz aus. *Kurz und gut, war es je erstrebenswert, anderswo zu sein, wenn man in Italien hätte sein können?* heißt es bei Edith Wharton. Dadurch, daß der Film ein oder zwei Jahre später einsetzt als der Roman, war es möglich, jenen bedeutsamen Augenblick in der italienischen Geschichte einzufangen, als eine hauchdünne Schicht von Modernität und weltläufiger Dolce Vita die eigentümlichen Moralvorstellungen des Landes übertüncht hatte, ohne sie jedoch gänzlich verdecken zu können. Ich liebe Italien mehr als jedes andere Land, aber es ist nun einmal so, daß in seinen unbeschwerten Melodien immer wieder ein düsterer Unterton durchklingt. Und eben diese Dissonanz thematisiert auch der Film, ein scheinbar sybaritisches Schauspiel, das in Wahrheit auf einem Vulkan angesiedelt ist. Mongibello nennt Highsmith ihr fiktives Dorf am Golf von Salerno, in dem Dickie und Marge wohnen, und genau so heißt im Volksmund der Vesuv.

Zu guter Letzt muß es in einem Film mit dem Titel *Der talentierte Mr. Ripley* natürlich auch um Ripleys Talente gehen. Wenn es etwas gibt, womit Ripley gleichermaßen gesegnet wie gebrandmarkt ist, dann seine Gabe, aus dem Stegreif zu improvisieren, die ausgefeiltesten und verblüffendsten Phantasie-Riffs aus dem Ärmel zu schütteln. Sobald ich das erkannt hatte, stand für mich fest, daß im Film die Musik – und nicht wie im Buch das eher literarische Sujet der Malerei – das dominante Leitmotiv sein sollte. Musik als Interpret von Zeit, Ort und Handlung. Womit das Drehbuch auch ein Stück weit zum Libretto wurde, das Beziehungen musikalisch deutet oder Dickies Affinität zum Jazz und dessen existentialistischen Freiheitsmantra gegen Ripleys streng klassische Orientierung ausspielt; mit dem Ergebnis, daß, genau wie in der Musik, wo Bach und Mozart die Kunst des Extemporierens als erste beherrschten, ausgerechnet Ripley derjenige ist, der das Zeug zum echten Improvisateur hat.

Bei der Arbeit am *Englischen Patienten* begleitete mich Michael Ondaatje persönlich auf der abenteuerlichen Gralssuche nach einer von Grund auf neuen Sichtweise seines grandiosen Romans. Er war mein Kompaß; er gab sein Plazet zu jeder Streichung und jeder Ergänzung und konnte selbst meinen verstiegensten Einfällen noch etwas abgewinnen. Patricia Highsmith starb, als ich mit dem ersten *Ripley*-Entwurf begann und bevor ich Gelegenheit hatte, sie kennenzulernen. Sollte jemand an meinem Skript Gefallen finden, dann hätte ich mir gewünscht, daß sie es gewesen wäre, und ich habe mich in jedem Falle von ihren pointierten Definitionen zur Belletristik leiten lassen. Als sie den Roman schrieb, stellte sie sich vor, Ripley säße mit an der Schreibmaschine. Und so habe auch ich mir bei der Arbeit an meinem Drehbuch vorgestellt, daß sie daneben säße.

Wenn ein Thrillerautor über Mörder und Opfer schreibt, über Menschen, die im Mahlstrom der Geschicke zerrieben werden, dann gehört mehr dazu, als Blutvergießen und Brutalität zu schildern. Er sollte sich für die Gerechtigkeit interessieren und für ihren Mangel in der Welt, für Gut und Böse, Mut und Feigheit – ohne sie freilich als bloße Vehikel zu betrachten, die seinen Plot vorantreiben. Mit einem Wort, seine erfundenen Charaktere müssen echt wirken.

Anthony Minghella
Berkeley, September 1999

Drehbuch

1958

Prolog.
Ripleys Kabine/Innen. Abend.

Aufblende auf Ripley, wie in der Schlußszene des Films. Er sitzt völlig verzweifelt in einer Schiffskabine. Die Kamera umkreist sein Gesicht. Der anfangs darauf gerichtete Scheinwerfer verlischt.
    Stimme Ripleys (aus dem Off): Wenn es nur ein Zurück gäbe. Wenn ich alles auslöschen könnte. Mich eingeschlossen. Angefangen mit dieser geborgten Jacke.

Central Park West, Penthouse. Außen. Früher Abend.

Ripley sitzt am Klavier und begleitet Fran, eine junge Sopranistin. Beginn des Vorspanns.
    Fran (singt):   *Ah, such fleeting paradise*
                    such innocent delight
                    to love,
                    be loved,
                    a lullaby,
                    then silence.
                (Ach, welch flüchtiges Paradies / welch lauteres Entzücken / zu lieben / geliebt zu werden / ein Wiegenlied / dann Stille)
Das Lied ist zu Ende. Applaus. Fran und Ripley geben das musikalische Rahmenprogramm auf einer Cocktailparty.

Eine Silberhochzeit wird gefeiert. Einige Gäste gratulieren Fran zu ihrer Darbietung. Ein distinguierter Herr, der seine Gattin im Rollstuhl vor sich her schiebt, geht auf Ripley zu, reicht ihm die Hand.
> *Herbert Greenleaf:* Großartig, ein Genuß. Herbert Greenleaf.
> *Ripley:* Tom Ripley. Danke, sehr freundlich, Sir.
> *Herbert Greenleaf* (deutet auf Ripleys geliehenes Jakkett): Ich sehe, Sie waren in Princeton... Dann kennen Sie höchstwahrscheinlich unseren Sohn Dick. Dickie Greenleaf...
> *Emily Greenleaf:* Verzeihen Sie, aber Ihre Jacke ist uns einfach aufgefallen.
> *Herbert Greenleaf:* Ganz recht, ja.
> *Emily Greenleaf:* Abschlußklasse '56?
> *Ripley* (zögernd): Wie geht es Dickie?

Vor den Fahrstuhltüren in der Eingangshalle. Innen. Früher Abend.

Fran, Ripley, Mr. und Mrs. Greenleaf und andere treten aus einem Fahrstuhl. Emily spricht mit Fran, Herbert mit Ripley.
> *Emily Greenleaf* (zu Fran): Ich hoffe, Sie besuchen uns bald einmal...
> *Fran:* Danke, sehr gern.
> *Emily Greenleaf:* Sie beide...
> *Herbert Greenleaf:* Dickies musikalischer Horizont beschränkt sich ja leider auf Jazz. Er spielt Saxophon. Für meine Ohren ist das Gejaule, dieser Jazz, Lärmbelästigung, nichts weiter.

Central Park West. Außen. Früher Abend.

Ripley schüttelt Herbert Greenleaf die Hand, und der steigt in seinen Rolls-Royce. Die beiden treffen noch eine Verabredung, dann geht Ripley auf die andere Straßenseite zu Fran, haucht ihr einen Kuß auf die Wange. Sie steckt ihm seine Hälfte der gemeinsamen Gage zu.
Ripley: Muß mich beeilen. Bin wahnsinnig spät dran. (Er übergibt Frans Freund das Jackett, das er bis eben getragen hat.) Danke für die Jacke.
Freund: Schon gut. Danke fürs Einspringen.
Greenleaf sieht nur ein Paar, das sich umarmt.
Emily Greenleaf: Ein reizendes Paar, findest du nicht?
Herbert Greenleaf: Doch. Und ein bemerkenswerter junger Mann.
Aus einem anderen Blickwinkel sieht man Ripley davoneilen, während Fran zu ihrem Freund ins Auto steigt. Man hört die ersten Takte eines Klavierquartetts.

Konzerthaus. Außen. Abend.

Ripley hetzt am Besucherstrom vorbei auf das Konzerthaus zu. Die Musik spielt weiter.

Herrentoilette. Konzerthaus. Innen. Spätabends.

Pause. Dichtes Gedränge an den Waschbecken, Herren im Smoking. Ripley dreht Wasserhähne auf, bietet Handtücher an, bürstet Schuppen von Kragen und Schultern. Die Herren unterhalten sich über ihn hinweg, als ob er Luft wäre. Werfen Münzen in einen Teller.

Loge. Innen. Spätabends.

Das Konzert geht weiter. Ripley lugt durch den Logenvorhang auf die Bühne. Eine hochmütige Frau in der Loge dreht sich nach ihm um, und er schließt hastig den Vorhang.

Hinterbühne. Innen. 1 Uhr 30 nachts.

Ein leerer Zuschauerraum. Geisterhaft bläuliche Notbeleuchtung. Ripley spielt Bach. Ein Hausmeister kommt von seinem Rundgang zurück und schaltet das Saallicht ein. Ripley bricht ab, springt erschrocken hoch und macht eine entschuldigende Handbewegung.
  Ripley: Verzeihung, tut mir leid. Ich weiß schon, entschuldigen Sie.

Die Greenleaf-Werften. Brooklyn. Außen. Tag.

Greenleaf und Ripley in einem der Trockendocks. Ein riesiger Hohlraum, man erkennt die Umrisse eines Schiffsrumpfes; ein Heer von Handwerkern ist bei der Fertigstellung des neuen Ozeanriesen im Einsatz. Wenn der Central Park der Tummelplatz ist, an dem die Reichen ihr Geld ausgeben, dann ist dies offenbar der Ort, an dem sie es verdienen oder vielmehr scheffeln. Werftarbeiter grüßen ehrerbietig den Mann, dessen Name über der Fassade in ihrem Rücken prangt.
  Herbert Greenleaf: Mongibello. Ganz kleines Nest. Südlich von Neapel. Marge, seine – äh – die junge Dame schreibt angeblich an einem Buch. Weiß der Himmel, was er treibt. Aber nach allem, was man hört, faulenzen sie die ganze Zeit am Strand. Oder auf seiner Segeljacht.

Wenn mein Sohn ein Talent hat, dann das, seine Wechsel in Rekordzeit durchzubringen.

Ripley in grüner Kordjoppe, der Junior par excellence, hört aufmerksam zu.

Herbert Greenleaf: Könnten Sie sich eventuell mit dem Gedanken anfreunden, Tom, nach Italien zu fahren und meinen Sohn zur Rückkehr zu überreden? (Ripley blickt skeptisch drein.) Ich würde es mich auch etwas kosten lassen. Ich biete Ihnen tausend Dollar.

Ripley: Eine Europareise, das war schon immer mein Traum, Sir, aber...

Herbert Greenleaf: Na bitte, jetzt haben Sie einen Grund, hinzufahren.

Ripleys Wohnung. New York. Innen. Tag.

Eine Vinyl-Schallplatte dreht sich in Großaufnahme. Eine fremdartige, mitreißende Stimme intoniert ein wildes Scat-Solo. Dann geht der Gesang in eine kratzig-spröde Big-Band-Jazz-Nummer über: Dizzie Gillespies *The Champ*. Eine Hand nimmt die Scheibe vom Plattenteller. Die Kamera findet das zugehörige Gesicht, der Mann trägt eine Augenbinde. Er ist erhitzt, steht im Unterhemd da. Er versucht, den Interpreten zu identifizieren.

Ripley (aus dem Off): Ich weiß es nicht. Count Basie? Duke Ellington. Ich bin mir nicht sicher. Count Basie.

Der Mann nimmt die Augenbinde ab, überfliegt den Text auf der Plattenhülle, muß dazu eine Brille aufsetzen. Verärgert stellt er fest, daß er sich geirrt hat. Andere Jazzplatten stapeln sich zusammen mit klassischen Noten und der Pappschablone einer Klaviatur auf einem übervollen Tisch. Eine Hand gleitet in lässiger Pantomime über die Tasten.

Ripleys Wohnung, New York. Innen. Tag.

Wieder dreht sich auf dem Plattenteller eine Aufnahme, die Ripley zu erraten versucht. Chet Bakers *My Funny Valentine*. Überall Anzeichen der bevorstehenden Abreise: ein Koffer, Bücher über Italien. Ripley tigert in seinem Souterrainlogis auf und ab, das Bad, Küche, Wohn- und Schlafzimmer in einem Raum vereinigt. Eine winzige Bleibe, aufgeräumt, aber schäbig und trist. Vor den Fenstern Gitter, eine Brandmauer.
    Ripley: Weiß nicht mal, ob da ein Mann singt oder eine Frau.
Im Zimmer über ihm wird lautstark gestritten. Er zuckt zusammen.

Ripleys Wohnung. Innen. Tag.

Ripley, der fast fertig gepackt hat, beim Schuheputzen. Nebenher hört er wieder eine Platte ab. Free Jazz, Saxophon-Solo: Charlie Parkers *Koko*. Er lauscht angestrengt, erkennt die Nummer.
    Ripley: Das ist Charlie Parker. Bird.
Er tänzelt zum Plattenspieler, vergleicht das Label, sieht, daß er's getroffen hat, und lächelt.

Ripleys Wohnung. Innen. Tag.

Ripley betrachtet ein altes Foto von Dickie Greenleaf in einem Princeton-Jahrbuch. Dann verstaut er den Band in seinem Gepäck, nimmt den Koffer und wirft einen letzten Blick auf die ärmliche Behausung, bevor er die Tür hinter sich schließt.

Ripleys Wohnung. Außen. Tag.

Ripley schleppt sein Gepäck die Kellertreppe hinauf ans Tageslicht. Oben auf dem Bürgersteig erwartet ihn Mr. Greenleafs Chauffeur.
>*Chauffeur:* Lassen Sie mich Ihnen das abnehmen.
>*Ripley:* Danke.
>*Chauffeur* (deutet mit einer Kopfbewegung zum Souterrain hinunter): Da kommt der Tausender wohl wie gerufen.
>*Ripley:* Ja, Sir.
>*Chauffeur* (kommt Ripley, der den Wagenschlag öffnen will, zuvor): Erlauben Sie.
>*Ripley:* Danke.
>*Chauffeur* (hält Ripley den Schlag auf): Sir! (Ripley lacht geschmeichelt.) Sie werden bestimmt eine angenehme Reise haben. Mr. Greenleaf ist mit der Familie Cunard bestens befreundet.

Herbert Greenleafs Wagen. Innen. Tag.

Ripley aalt sich im Fond der Greenleafschen Limousine. Er hält ein Kuvert mit Greenleafs Initialen in der Hand, öffnet es und entnimmt ihm ein Cunard-Ticket erster Klasse, Travellerschecks und Dollarscheine.
>*Chauffeur:* Der Name Greenleaf, der öffnet fast jede Tür, das können Sie mir glauben.

Die ›Queen Mary‹ vor der Skyline von Manhattan. Außen. Tag.

Das Schiff nach Italien verläßt New York. Ende des Vorspanns.

Hafen von Neapel, Zollabfertigung und Paßkontrolle. Innen. Tag.

Italien. Strahlender Sonnenschein. Die *Queen Mary* hat eben angelegt. Durch die Panoramafenster der Halle sieht man die Passagiere von Bord gehen. Sowie sie die Gangways der ersten Klasse herunterkommen, werden sie vom Personal willkommen geheißen und in die Abfertigungshalle komplimentiert. Ihr Gepäck ist bereits ausgeladen und wird nun nach den Initialen der Besitzer sortiert. Frachtgestelle, mit den Buchstaben des Alphabets gekennzeichnet, sind im Raum verteilt, und um jedes wächst stetig ein kleiner Berg von Koffern und Taschen aller Größen und Formen. Ripley erscheint, und ein italienischer Gepäckträger fragt ihn nach seinem Namen. *Ripley. Ripley. Ripley!* wiederholt er, gegen das Stimmengewirr ankämpfend, und gesellt sich zu den Wartenden beim Buchstaben R. Eine auffallend schöne junge Frau (Meredith) steht ganz in seiner Nähe. Er erregt ihre Aufmerksamkeit.
Ripley begibt sich zur Zollabfertigung, wo sich eine Schlange bildet, während vorn ein großer Koffer geöffnet und durchsucht wird. Meredith holt ihn ein. Ihr Gepäck stapelt sich turmhoch neben dem seinen.
    Meredith: Was ist Ihr Geheimnis?
    Ripley: Wie bitte?
    Meredith: Nein, es ist bloß – Sie sind Amerikaner, stimmt's? – nein, ich meinte nur, also ich hab' so einen

Haufen Gepäck, und Sie, Sie reisen so ganz ohne – äh – ohne Ballast. Direkt beschämend.

Ripley zuckt die Achseln. Da noch ein zweiter Koffer des Passagiers vor ihnen geöffnet wird, kann er sich der Unterhaltung kaum entziehen.

Meredith: Ich heiße übrigens Meredith. Meredith Randall.
Ripley: Dickie. Dickie Greenleaf. Hallo.
Meredith: Hallo.

Sie haben die Paßkontrolle hinter sich und schreiten die weitläufige Treppe zu den Ausgängen hinunter.

Meredith: Sie gehören nicht zufällig zur Reederei Greenleaf?
Ripley (besinnt sich rasch): Der versuch' ich grad zu entfliehen. Ich heuere heimlich ab.
Meredith: Aber – hatten die Ihren Koffer nicht falsch einsortiert? Ich meine – oben, bei der Gepäckausgabe, standen Sie da nicht eben bei R? Mir ist so, als hätte ich Sie dort gesehen.
Ripley: Mein Vater würde mich am liebsten in New York festbinden. Aber er baut Schiffe, ich fahre lieber damit. Also reise ich unter dem Namen meiner Mutter.
Meredith: Und der ist?
Ripley: Emily. (Meredith ist verwirrt.) War nur 'n Scherz.
Meredith: Wie komisch, ich heiße nämlich auch nicht Randall. Mein richtiger Name ist Logue.
Ripley (hat den Namen erkannt und nickt): Logue wie die Logueschen…?
Meredith: Textilwerke. Ich entfliehe gerade dem Kleiderpuppendasein. Reise auch unter dem Namen meiner Mutter.
Ripley: Randall.
Meredith: Genau.

Die Treppe teilt sich; Piktogramme zeigen verschiedene Ziele an: auf der einen Seite Busse, Taxen, Straßenausgang – auf der anderen geht es zu den Zügen nach ROMA, VENEZIA, MILANO. Ihre Wege trennen sich.

> *Meredith* (streckt ihm die Hand hin): Also dann – Partner inkognito. (Mit Blick auf die Piktogramme:) Auf Wiedersehen.

Küstenstraße vor Neapel. Außen. Spätnachmittag.

Ein Bus kurvt über eine in die Felswand geschlagene Küstenstraße. Oben zerklüftete Klippen, unten blaues Meer.

Bus. Innen. Spätnachmittag.

Ripley sitzt mitten im lebhaften Gedränge. Der Bus hält in einem kleinen Ort. Leute steigen aus.

Bus erreicht Mongibello. Innen/Außen. Gegen Abend.

Später, der Tag geht zur Neige. Ripley sieht aus dem Fenster, während der Bus weiterfährt. In einem kleinen Fischerhafen angekommen, rumpelt er an der Kirche vorbei, zum Marktplatz hinunter.

Mongibello, Fischerhafen. Außen. Gegen Abend.

Und dann ist der Bus am Hafen angelangt. Auf der einen Seite das Leben der Fischer, man sieht Netze flattern, alte Netz-

flicker bei der Arbeit. Gegenüber ein kleines Café, dessen Betrieb sich bis auf die Straße ausdehnt. Junge Burschen spielen Tischfußball, hocken lässig auf ihren Vespas. Der Busfahrer ruft die Station aus.
 Busfahrer: Mongibello!
Ripley steigt aus, zerrt sein Gepäck hinter sich her. Der Bus fährt weiter. Ripley schaut sich um, fühlt sich völlig fremd.

Hotel Miramare. Jacht vor der Küste. Außen. Morgen.

Eine kleine Segeljacht hat sich in sein Blickfeld geschoben, wirft Anker, holt die Segel ein. Ein Paar springt vom Bug ins Wasser und schwimmt an Land.
Diese ganze Szene wird aus Ripleys Sicht wahrgenommen, der sie von seinem kleinen Balkon im Hotel Miramare durchs Fernglas verfolgt. Er hat ein Italienischlehrbuch auf dem Schoß, murmelt die italienischen Sätze leise vor sich hin.
 Ripley (ein langbeiniges, gertenschlankes Mädchen im Visier, das eben einen Kopfsprung macht): *La fidanzata ha una faccia.* Die Verlobte hat ein Gesicht. *La fidanzata è Marge.*
Ihr Partner, Dickie Greenleaf, hechtet mit ihr ins Wasser. Die beiden sind braungebrannt, schön, vollkommen. Ripley erkennt den Namen der Jacht: *Bird.*
 Ripley: *Questo è la mia faccia...*
Das glamouröse Paar steigt aus den Wellen. Dickie schüttelt die Wassertropfen ab, lacht.
 Ripley: Das ist mein Gesicht.
Er überprüft seinen Satz anhand des Lehrbuchs.
 Questa... è la mia faccia. Questa è la faccia di Dickie.

Am Strand von Mongibello. Außen. Tag.

Ripley tritt aus einer Umkleidekabine und bleibt auf einem Bohlenweg kurz vor dem Sandstreifen stehen. Er trägt eine knappe hellgrüne Badehose. Das Strandleben ist ihm zuwider. Ein paar Jungen drehen sich nachlässig um und beobachten ihn.
Ripley zieht seine Schuhe an und trippelt vor zum Wasser. Zwischen all den sonnengebräunten Körpern kommt er sich lächerlich vor mit seiner bleichen Haut. Endlich gewinnt seine Scham die Oberhand, er streift die Schuhe ab, wirft sich in die Brandung und genießt einen Moment lang die kühle Frische, bevor er wieder an Land watet und geradewegs auf Dickie zusteuert.
Ripley: Dickie Greenleaf?
Dickie wirft einen kurzen Blick auf Ripley, der unbeholfen dasteht und seine Schuhe in der Hand hält.
Dickie: Und wer sind Sie?
Ripley: Tom. Tom Ripley. Wir waren zusammen in Princeton.
Dickie: Okay. (Er setzt sich auf.) Und sind wir uns da begegnet?
Ripley: Ich Ihnen schon, also müssen Sie mir wohl auch begegnet sein.
Dickie (zu Marge): Princeton liegt im Nebel, Amerika liegt im Nebel. (Zu Ripley:) Das ist Marge Sherwood. Tom... 'tschuldigung, wie war der Name doch gleich?
Ripley: Ripley. Hallo, freut mich sehr.
Marge: Guten Tag.
Dickie: Und was machen Sie in Mongi?
Ripley: Nichts. Nichts Besonderes. Bin nur auf der Durchreise.
Dickie (dem das absurd erscheint): Auf der Durchreise!

So ein Bleichgesicht. Marge, hast du je so ein Bleichgesicht gesehen? Nicht mal weiß – der ist ja schon grau.
Ripley: Das ist nur die Emulsionsschicht.
(Marge lacht.)
Dickie: Wie war das?
Ripley: Na, eine Grundierung, Sie wissen schon.
Dickie: Guter Witz.

Er tuschelt vertraulich mit Marge, bringt sie zum Lachen. Sie balgen sich, Ripley steht verlegen dabei, was Marge nicht entgeht.

Marge: Kommen Sie doch mal zu uns zum Lunch, bevor Sie abreisen – Dickie?
Dickie: Klar, jederzeit.
Marge: Und Vorsicht mit der Sonne. Ihr Grau hat schon einen gefährlichen rosa Touch.
Ripley: Danke. Tja, so ein Zufall!

Mongibello. Außen. Früh am Morgen.

Ein neuer Tag. Kirchengeläut. Dickie, in Shorts, holpert auf seinem Motorroller über die kopfsteingepflasterte Gasse auf den Marktplatz zu. An einer steilen Treppe hält er an. Ripley, der, von Dickie unbemerkt, mit einem Buch den Hügel hinaufschlendert, beobachtet fasziniert, wie eine junge italienische Schönheit, Silvana, nach einem verliebten Gekabbel mit Dickie hinter ihm auf den Roller steigt.

Dickie: Ich hab' dich überall gesucht.
Silvana: Ach, heute suchst du mich auf einmal! Und wo warst du die ganze Woche über, du Schuft? Bei deiner Amerikanerin? Ich hasse dich, daß du's weißt.
Dickie: Was?
Silvana: Ich hasse dich.

Ripley sieht ihnen nach, während sie hügelabwärts zum Meer hinunterfahren.

Marges Haus. Außen. Nachmittag.

Dickie erscheint in Marges Garten, hinter ihm sieht man das Meer. Marge sitzt an ihrem Terrassentisch, um sie herum die Reste des Mittagessens. Dickie verlegen, frisch geduscht, hoffnungslos verspätet.
    Dickie: Verzeih mir, verzeih mir, verzeih mir. Ich komm' zu spät, ich weiß, ich bin ein mieser Schuft.
    Marge: Hattest du vergessen, wo ich wohne? Es ist vier Uhr!
    Dickie: Ich bin grad erst wach geworden. Tut mir leid.
    Marge: Grad erst aufgewacht bist du?
    Dickie: Fausto und ich – wir sind heut' nacht rausgefahren zum Fischen, und dann wurd's auf einmal hell, und wir hatten immer noch nichts gefangen.
    Marge: Pech, jetzt haben wir dir alles weggegessen.
    Dickie: Wir?
    Marge: Ja, Tom Ripley ist hier.
Ripley erscheint prompt mit einem Tablett, um das Geschirr abzuräumen.
    Dickie: Wer? Oh, Tom, hallo, wie geht's Ihnen? Wir dachten schon, Sie wären verlorengegangen. Hätten fast einen Suchtrupp losgeschickt.
    Ripley: Nein, ich bin noch da.
    Marge: Tom hat mir von seiner Überfahrt erzählt. Ich hab' Nasenbluten gekriegt, so hat er mich zum Lachen gebracht.
    Dickie: Ist das gut?
    Marge: Halt die Klappe!

Marge schlägt mit einer Serviette nach ihm. Sie balgen sich, wieder ist Ripley ausgeschlossen.
Ripley: Ich will nicht länger stören.
Dickie: Können Sie einen Martini mixen?
Ripley (zögernd): Klar.
Marge (auf dem Weg ins Haus): Ich geh' schon. Ich mache einen erstklassigen Martini.
Dickie: Ein Talent braucht jeder Mensch. Was haben Sie für eins?
Ripley (seelenruhig): Unterschriften fälschen. Lügen erfinden. So gut wie jeden imitieren.
Dickie (dem dieser Schlagabtausch gefällt): Das sind schon drei. Niemand sollte mehr als ein Talent haben. Aber gut, machen Sie mal wen nach.
Ripley: Sofort? Okay. Augenblick mal. Talent... (seine Stimme wird älter, der Gesichtsausdruck verändert sich) *Wenn mein Sohn ein Talent hat, dann das, seine Wechsel in Rekordzeit durchzubringen.*
Dickie (völlig perplex): Was? Was war das?
Ripley: Ich liebe die Seefahrt, glauben Sie mir, ich liebe die Seefahrt! Aber was tue ich? Ich baue die Schiffe und überlasse das Vergnügen den anderen.
Dickie (ungemein beeindruckt): Aufhören! Nicht zu fassen. Da steh'n einem ja die Haare zu Berge!
Ripley (jetzt richtig in Fahrt): *Jazz, also seien wir doch mal ehrlich, diese sogenannte Jazzmusik, das ist Lärmbelästigung, nichts weiter.*
Dickie: Als ob er leibhaftig vor mir stünde. Entsetzlich. Als ob der alte Schurke auf einmal hier 'reingeschneit wäre! Großartig machen Sie das! Woher kennen Sie ihn?
Ripley: Ich hab' ihn in New York getroffen.
Dickie: Marge! Das mußt du dir anhören!

Marge (kommt mit den Drinks zurück): Was? Was gibt's?
Dickie: Darf ich vorstellen: mein Vater, Herbert Richard Greenleaf der Erste.
Ripley: Freut mich sehr, da hat Dickie aber einen guten Fang gemacht. Womit ich auch in Emilys Namen spreche.
Marge: Was soll denn das?
Dickie: Unheimlich!
Marge: Ich kapier' überhaupt nichts mehr.
Ripley: Könnten Sie sich eventuell mit dem Gedanken anfreunden, Tom, nach Italien zu fahren und meinen Sohn zur Rückkehr zu überreden?
Dickie: Wie?
Ripley: Ich würde es mich auch etwas kosten lassen. Ich biete Ihnen tausend Dollar, wenn Sie nach Italien fahren und meinen Sohn dazu bringen, daß er nach Hause kommt.

Mongibello, Kirche und Marktplatz. Innen/Außen. Dämmerung.

Eben hat eine Taufe stattgefunden; nun strömt das ganze Dorf aus der Kirche und formiert sich im Sonntagsstaat zur *passeggiata*. Die Mädchen flanieren Arm in Arm. Die jungen Burschen taxieren sie, ebenfalls Arm in Arm. Junge Mütter herzen und vergleichen ihre Babys. Die Alten rauchen, palavern, gestikulieren. Dickie und Ripley erscheinen. Dickie schäumt vor Wut über den intriganten Plan seines Vaters.
Dickie: Niemals gehe ich zurück! Daß er so was fertigbringt, jemanden zu engagieren, der die weite Reise macht, nur um mich nach Hause zu lotsen – er muß doch verrückt sein, oder?

Silvana kommt Arm in Arm mit einem Mann, ihrem Verlobten, aus der Kirche; ein zweites Paar, zu dem Dickies Kumpel Fausto gehört, stößt dazu. Bis auf einen verstohlenen Augenaufschlag läßt Silvana sich nichts anmerken, als man einander wechselseitig begrüßt. Dickie stellt Tom vor, dann gehen sie weiter.

Dickie: Niemals gehe ich zurück!
Ripley: Aber ich glaube, Ihre Mutter, ihre Krankheit...
Dickie: Meine Mutter hat nichts damit zu tun! Sie hat Leukämie seit... Deshalb bin ich ja so wütend auf ihn! *Er* will mich zurückhaben! Meine Mutter hat nichts damit zu tun.
Ripley: Das kann ich nicht beurteilen, Dickie, ich wiederhole Ihnen nur, was ich...
Dickie (unterbricht ihn): Fahren Sie zurück! Fahren Sie zurück nach New York, oder rufen Sie ihn an, falls Sie ein Telefon finden, das funktioniert, und sagen Sie ihm, keine zehn Pferde brächten mich zurück zu ihm oder seiner Reederei.

Dickies Haus, Mongibello. Außen. Nachmittag.

Ripley erscheint mit seinem spärlichen Gepäck vor Dickies Tür. An der Reisetasche, die er unter dem Arm trägt, scheint die Bodennaht aufgerissen; es sieht so aus, als würde sie bloß noch von seinen Fingern zusammengehalten. Marge ist oben auf der Terrasse. Sie hört Tom und Dickie miteinander reden.

Marge: Hi, Tom!
Dickie (schaut nach oben): Marge, Tom will sich verabschieden.
Marge: Ich komme runter.

Dickie (zu Ripley): Haben Sie mit meinem Vater gesprochen?
Ripley: Sie hatten recht mit dem Telefon. Man kriegt keine Verbindung, anscheinend sind die Leitungen defekt.
Marge (tritt aus der Haustür): Hallo, Tom. Sie reisen ab? Was haben Sie für Pläne?
Ripley: Ich werd' wohl zurückmüssen. Aber so langsam wie möglich.

Er streckt ihr die Hand hin, doch sowie er die Tasche losläßt, reißt der Saum auf, ein paar Schallplatten rutschen heraus und fallen zu Boden. Er bückt sich, um sie wieder einzusammeln. Marge hilft ihm.

Ripley: O verdammt! Tut mir leid, aber diese Tasche...
Dickie ist begeistert, als er die Jazz-Titel sieht.
Dickie: Sie mögen Jazz!
Ripley (die letzten Platten einsammelnd): Ich liebe Jazz.
Dickie (hebt eine Chet-Baker-Platte auf): Das ist die Krönung! Marge behauptet auch, daß sie ein Jazz-Fan wäre, aber für sie ist Jazz gleich Glenn Miller.
Marge: Das hab' ich nie gesagt!
Ripley: Bird. *Das* ist Jazz.
Dickie: Bird, ja! Raten Sie mal, wie meine Jacht heißt...
Ripley: Keine Ahnung. Wie heißt sie?
Dickie: Bird!
Marge: Was einfach idiotisch ist. Schiffe sind weiblich. Du kannst eine Jacht nicht nach einem Mann benennen, das muß doch jedem einleuchten.
Ripley: Bird ist kein Mann, er ist ein Gott.
Dickie (aufgeregt): Hören Sie zu, wir fahren nach Neapel. Da gibt's einen Club, nein, keinen Club, einen Keller.
Marge: 'n verruchten Schuppen.

Dickie: Ja, meinetwegen verrucht, aber keine Angst, du brauchst nicht mitzukommen. (Zu Ripley:) Ein phantastischer Laden. Sie werden begeistert sein.

Jazzclub in Neapel. Innen. Nacht.

Eine verräucherte Höhle. Ein erstaunlich gutes Quintett schmettert seine Version von *Moanin'*. Dickie und Ripley kommen herein und drängen sich vor zu einem Tisch, an dem Fausto mit ein paar Freunden sitzt. Es ist zu laut für eine Unterhaltung, aber Dickie brüllt Ripley ein paar Namen zu, und die Sitzenden schütteln ihm die Hand. Dickie vertieft sich im Nu in die Musik, und Ripley vertieft sich in Dickies Anblick. Eine attraktive junge Italienerin, Dahlia, kommt an ihren Tisch, küßt Dickie, setzt sich seinen Hut auf, nimmt, da kein Stuhl mehr frei ist, auf seinem Schoß Platz, raucht seine Zigarette. Dickie wirft Tom einen gequälten Blick zu, aber es ist offensichtlich, daß er sich durchaus nicht belästigt fühlt. Dann stimmt die Band die ersten Takte von *Tu vuo' fa' l'Americano* an – ein Schlager, der die momentane Amerikabegeisterung der Italiener reflektiert –, und Fausto zerrt einen widerstrebenden Dickie auf die Bühne.

Fausto (improvisiert auf Italienisch): Meine sehr verehrten Damen und Herren. Applaus für Dickie Greenleaf, der die weite Reise aus Amerika... usw.

Fausto beginnt zu singen. Die Band stimmt ein, und Dickie mit. Alle klatschen. Dickie tuschelt mit Fausto.

Fausto: Und jetzt einen Extra-Applaus für unseren neuen Freund aus New York – Tom Ripley!

Ripley möchte am liebsten im Erdboden versinken, aber schon springt Dickie von der Bühne und zerrt ihn mit aufs Podium. Der Song geht weiter, und beim nächsten Refrain müssen Dickie und Ripley mitsingen. Der musikalische Ripley macht seine Sache natürlich gut, auch wenn ihm Stil und Melodik nicht vertraut sind. Es dauert nicht lange, und das Publikum tanzt auf den Tischen und klatscht Beifall, allen voran Dahlia.

> *Dickie* (aus dem Off, liest): Habe zufällig einen Kommilitonen aus Princeton getroffen, einen gewissen Tom Ripley. Er sagt, er wird nicht eher Ruhe geben, als bis ich mit ihm nach New York zurückkehre...

Dickies Haus. Innen. Mittag.

Dickie sitzt in seinem neuen Morgenmantel an der Schreibmaschine und tippt. Ripleys Kopf taucht hinter der Lehne der Couch auf, wo er wunderbar geschlafen hat.
> *Dickie* (grinsend): Auch schon wach?
> *Ripley:* Wie spät ist es? (Setzt die Brille auf, guckt auf die Uhr.) O Gott! Schreibst du deine Briefe immer mit der Maschine? (Deutet auf den Brief.) Das schreibt sich mit zwei t.
> *Dickie:* Ich hab' eine Sauklaue und keine Ahnung von Orthographie. Wenn man auf einer Eliteschule war, darf man sich das leisten. Dein Zimmer ist übrigens oben. Ich glaube, Ermelinda hat das Bett schon bezogen.
> *Ripley:* Das ist wahnsinnig nett von dir.
> *Dickie:* Kein Wort mehr davon. Ich hab' mir gedacht, jetzt, wo du ein Doppelagent bist und wir meinen Dad gemeinsam ausnehmen, könnten wir uns von den Spesen, die er dir überweist, einen kleinen Flitzer leisten. Was hältst du davon, Marge... einen kleinen Cinquecento von meinem Dad seinem Geld?

Marge ist mit drei Camparis hereingekommen:

Marge: Aber Dickie, du hast doch gar keinen Führerschein! Nein, was du brauchst, ist ein Kühlschrank. Was meinst du, Tom? Sag ja, und ich bin dir auf ewig verbunden.
Ripley: Ich finde, Marge hat absolut recht.

Dickies Haus. Obergeschoß. Innen. Tag.

Ripley hat sein Zimmer gefunden, einen schlicht, aber gemütlich eingerichteten Raum, in dem er sein Gepäck deponiert. Schon im Begriff, wieder nach unten zu gehen, kommt er an Dickies offener Schlafzimmertür vorbei und kann der Versuchung nicht widerstehen.

Dickies Schlafzimmer. Innen. Tag.

Ripley erkundet das lässig elegante Ambiente von Dickies Schlafzimmer – den Louis-Vuitton-Schrankkoffer, den offenen Schrank, aus dem Hemden und Krawatten herausquellen. Auf der Kommode liegen, zwischen Toilettenartikeln verstreut, Manschettenknöpfe, eine seidene Krawatte. Ripley nimmt die Krawatte und tritt ans offene Fenster. Unten auf der Terrasse wird eben der Tisch zum Lunch gedeckt. Marge und Dickie unterhalten sich. Ripley schnappt einzelne Gesprächsfetzen auf.
Dickie: Es ist ja nur vorübergehend. Er kann sehr... er bringt mich zum Lachen.
Marge: Schon gut, Darling.
Dickie: Aber du würdest es sagen, wenn du was dagegen hättest?
Marge: Nein, ich mag ihn.

Dickie: Ach Marge, wen magst du nicht?
Marge: Dich.
Dickie: Gut, dann nehme ich dein Haus, und du kannst mit Tom zusammenziehen.

Über ihnen wiederholt Ripley einzelne Sätze, sorgsam der Sprachmelodie nachspürend: *Nein, ich mag ihn. Ach Marge, wen magst du nicht?* – bis seine Wiedergabe so genau ist wie eine Tonbandaufnahme.

Terrasse vor Dickies Haus. Außen. Tag.

Ermelinda räumt das Mittagsgeschirr ab. Ripley hat sich umgezogen und sitzt mit Marge am Tisch, während Dickie den Kaffee macht. Ripley beobachtet ihn, studiert jede Geste, jede persönliche Note: wie er mit der Espressomaschine hantiert, daß er keine Socken trägt, wie die Hosen sitzen und wie die Ringe.
Dickie: Jetzt weißt du, warum Miss Sherwood jeden Tag zum Frühstück kommt. Nicht aus Liebe, sondern wegen der Kaffeemaschine.
Marge: Es ist das einzige, was Dickie wirklich alleine kann – Kaffee machen.
Dickie: Halt den Mund.
Marge: O Darling – ist der für mich?
Dickie: Nein, den kriegt Tom, weil er nicht gemeckert hat.
Ripley (als Dickie ihm seine Tasse reicht): Der Ring da ist bildschön. Der grüne.
Marge (erfreut): Tom, ich liebe dich! (Zu Dickie:) Siehst du! (Wieder zu Ripley:) Den hab' ich ihm gekauft, zum Geburtstag.
Ripley: Wirklich edel.

Dickie: Ich mußte hoch und heilig versprechen, daß ich ihn niemals abnehmen werde – andernfalls würde ich ihn dir schenken.
Marge (schnipst einen Krümel nach ihm): Mistkerl! (Zu Ripley:) Mal ehrlich, Tom, ist er nicht ein Gedicht? Ich hab' ihn in Neapel entdeckt. Und zwei Wochen lang darum gefeilscht.
Dickie: Ich hoffe, er war trotzdem nicht billig.
Marge: O doch!
Ripley (zu Marge): Ich bin auf der Suche nach einem Geburtstagsgeschenk für Frances. Vielleicht kannst du mir dabei helfen?
Marge: Frances?
Ripley: Meine Verlobte.
Dickie: Verlobt bist du? Das wußte ich ja gar nicht, du Heimlichtuer.
Ripley: Deine Eltern haben sie schon kennengelernt.
Dickie: O Gott – das kann ich mir lebhaft vorstellen – *wenn doch auch Dickie endlich seßhaft werden und eine Familie gründen würde … haben nicht alle Eltern das Recht auf ein Enkelkind?* Niemals! Ich schwör's bei deinem Ring, Marge. Ich gehe nie zurück.

Die ›Bird‹. Außen. Tag.

Die *Bird* segelt vor der Küste von Mongibello. Kapitän Dickie kommandiert seine Besatzung – bestehend aus Marge und einem schrecklich ungeschickten, aber um so beflisseneren Ripley – bei irgendeinem Wendemanöver; kommt schließlich Ripley zu Hilfe.
Ripley: Ich mach' das falsch, nicht wahr?
Dickie: Großartig machst du das. Aus dir wird noch

mal 'n richtiger Seemann. Im Ernst, du hältst dich wirklich tapfer.
Marge: Fragwürdige Ehre, Dickie den Vorschoter zu machen, Tom. Aber aus seiner Sicht kannst du stolz drauf sein. Alsdann – die Bar ist geöffnet!
Dickie: Prächtig!
Marge geht hinunter in die Kajüte. Dickie läßt sich an Deck neben Ripley nieder.
Ripley: Sag, könnten wir mal nach Venedig segeln?
Dickie: Klar. Ich hab' 'ne Schwäche für Venedig.
Ripley: Ich muß unbedingt dahin.
Dickie: Venedig sehen und sterben, sagt man nicht so? Oder ist das Rom? Jedenfalls macht man irgendwas ganz Dringendes, und dann *finito,* oder? Okay, Venedig ist gebongt.
Ripley: Und Rom.
Dickie: Fährst du Ski? (Ripley verzieht das Gesicht.) Schon kapiert – du bist ein hoffnungsloser Fall! Aber das steht nun mal als nächstes auf dem Programm. Wir wollen zu Weihnachten nach Cortina. Tolles Skigebiet. Einfach toll!
Dickie (als Marge zurückkommt): Marge – Ripley kann nicht Ski fahren. Also müssen wir ihm auch das beibringen. Hast du je so was Unterprivilegiertes erlebt?
Marge: Armer Tom. Wie gut, daß wir nicht heiraten. Sonst müßten wir ihn womöglich noch in die Flitterwochen mitnehmen.

Mongibello. Außen. Spätnachmittag.

Marge und Ripley sind unterwegs zum Einkaufen. Sie gehen den Hügel hinunter zu dem Lebensmittelladen gleich neben der Bar am Marktplatz. Ripley hat Marge gerade gefragt, wie sie und Dickie sich kennengelernt haben.

Marge: Ach, ich hatte die Nase voll von New York – von dieser ganzen Park-Avenue-Clique –, also bin ich nach Paris geflüchtet, um in Ruhe an meinem Buch zu arbeiten, und dort traf ich mich immer mit Jean-Jacques in einem Café, vor dem Dickie Saxophon spielte. Ich sah ihn, er sah mich, und dann spielte er jedesmal *My Funny Valentine*. Erst viel später hab' ich erfahren, daß sein ganzes Repertoire kaum mehr als sechs Nummern umfaßt.

Unterdessen haben sie das Geschäft erreicht. Alessandra, die Besitzerin, begrüßt sie freundlich. Silvana, ihre Tochter, die auch im Laden ist, fühlt sich offenbar nicht ganz wohl in ihrer Haut. Aber sie kommt an die Theke und bedient Marge.

Marge (zu Silvana, auf italienisch): *Buona sera, Silvana. Per favore: Arance e pane, e prosciutto.*
Silvana: E fichi? Come sempre.
Marge: Si. Come sempre. Grazie.

Silvana geht nach hinten, um Fleisch und Brot zu holen. Marge runzelt die Stirn.

Marge (wieder zu Ripley): Jedenfalls, eines schönen Tages, wir sitzen grade wieder im Café, und ich höre Dickie draußen *My Funny Valentine* blasen –, da kommt er plötzlich reingeschossen ins Café und packt mich, vor den Augen von Jean-Jacques! Dabei hatten wir noch nie ein Wort miteinander gewechselt! Aber jetzt sagt er einfach: *Ich geh' nach Italien, morgen schon, und ich möchte, daß du mit mir kommst.* Also bin ich mit ihm gegangen.

Am Rand des Platzes befindet sich eine Bocciabahn. Dickie macht mit Fausto und zwei andern jungen Burschen ein Spiel.

Einen der beiden haben wir zuvor mit Silvana gesehen. Ripley und Marge sind auf dem Heimweg, schauen aber noch kurz an der Bocciabahn vorbei. Dickie winkt. Sie winken zurück. Marge ruft ihm etwas zu.

Marge: Wenn du nicht Punkt sieben bei mir bist, brennen Tom und ich zusammen durch.
Dickie: Okay.

Marges Haus. Außen. Früher Abend.

Dickie und Ripley im Aufbruch. Sie albern herum. Dickie springt Ripley auf den Rücken. Marge sieht von der Höhe des Gartens aus zu.

Marktplatz von Mongibello. Außen. Früher Abend.

Dickie und Ripley, die immer noch herumtollen und Huckepack spielen, kommen eben an Silvanas Laden vorbei. Dickie springt ab, geht zu Silvana, die nervös und ein bißchen bedrückt in der Tür steht. Sie stecken die Köpfe zusammen. Ripley bleibt ausgeschlossen.

Silvana: Hast du meine Nachricht erhalten? Ich muß mit dir reden.
Dickie: Ich will auch mit dir reden... Schenk mir ein Lächeln.

Und schon hat Dickie sich wieder Ripley zugewandt, boxt ihm spielerisch in die Seite und tanzt schließlich in Satyr-Manier den Hügel hinab.

Küstenstraße nach Neapel. Außen. Abends.

Dickie und Ripley auf der Vespa. Sie biegen um eine Kurve, die Straße fällt jäh und steil ab.
Unten sieht man schon Neapel liegen, die Vespa kommt auf Touren, und Ripley nutzt beglückt die Gelegenheit, sich an Dickie festzuklammern.
> *Dickie:* He, du brichst mir ja die Rippen!
> *Ripley:* Was?
> *Dickie:* Brich mir nicht die Rippen!

Jazzclub, Neapel. Innen. Nacht.

Ripley singt diesmal ernsthaft, trägt mit seiner lupenreinen Chet-Baker-Imitation die Darbietung von *My Funny Valentine* praktisch allein. Dickie begleitet recht und schlecht auf dem Saxophon. Als nach einer Strophe spontaner Beifall aufkommt, ist er beeindruckt, nickt Ripley strahlend zu.

Dickies Haus. Innen. Nacht.

Mitten im Wohnzimmer prangt, völlig deplaziert, ein neuer Kühlschrank. Ein grotesker Anblick, aber Dickies Gesicht strahlt im Schein der Innenbeleuchtung, als er zwei Bier herausnimmt und eins an Ripley weiterreicht, der in seiner Shakespeare-Ausgabe blättert.
> *Dickie:* Ach, ich könnte diesen Kühlschrank vögeln, so verliebt bin ich in das Ding! (Mustert Ripley nachdenklich.) Sag mal, was hast du eigentlich in New York so alles gemacht?
> *Ripley:* Ich hab' in ein paar Lokalen Klavier gespielt.

Dickie: Das ist *ein* Job, du hast mir aber erzählt, du hättest eine Menge Jobs gehabt.
Ripley: Ein paar Lokale sind ein paar Jobs. Außerdem erinnere ich mich nicht gern an New York.
Dickie: Der geheimnisvolle Mr. Ripley. Marge und ich, wir zerbrechen uns stundenlang den Kopf über dich. (Trinkt.) Eisgekühltes Bier. Danke, Dad!
Ripley: Schreib das von hier an ab. (Er übergibt Dickie das Buch und zeigt auf die entsprechende Zeile.)
Dickie (während er die Rückseite einer Ansichtskarte vollschreibt): Ich find's wunderbar, daß du statt Klamotten deinen Shakespeare mitgebracht hast. Ermelinda sagt, du wäschst dir jeden Abend ein und dasselbe Hemd aus. Ist das wahr?
Ripley: Nein! Ich hab' mehr als ein Hemd.
Dickie: Dein Zeug kannst du dir von ihr waschen lassen. Und zieh ruhig was von meinen Sachen an, nimm dir, was du magst, das meiste ist sowieso uralt. (Er ist mit der Abschrift fertig.)
Ripley: Und jetzt noch deine Unterschrift. (Sieht ihm beim Schreiben zu.) Nicht »Dickie«! Eine richtige Unterschrift.

Dickie setzt seinen Namenszug unten auf die Karte. Ripley studiert die Handschrift, nimmt die Brille ab, um die Gläser zu putzen. Dickie schaut ihn an.

Dickie: Ohne Brille bist du gar nicht mal häßlich. (Nimmt die Brille an sich, probiert sie auf.) Ich brauch' zwar keine, weil ich nie lese, aber: wie seh ich aus?
Ripley: Wie Clark Kent. (Nimmt die Brille zurück, setzt sie auf, strahlt Dickie an.) Und jetzt wie Superman!

Dickie gibt ihm einen Klaps. Ripley betrachtet prüfend die Ansichtskarte.

Dickie: Ich weiß, ich hab' die reinste Kinderschrift.

Ripley: Ziemlich scheußlich, ja. Aber siehst du das: das S und das T, siehst du? – Wie zart, wie verletzlich – das bedeutet Schmerz, geheimes Leid.
Dickie: Das muß aber schon sehr geheim sein, ich weiß nämlich gar nichts davon.
Ripley: Nichts verrät einen Menschen so wie seine Schrift. Da, guck mal – du hast überhaupt keine Linienführung – ein Zeichen für Eitelkeit.
Dickie (geschmeichelt): Na, das können wir wenigstens bestätigen.

Dickies Badezimmer. Innen. Nacht.

Dickie nimmt ein Bad. Ripley sitzt angezogen auf einem Schemel vor der Wanne. Sie sind mitten in einer Schachpartie, das Brett steht zwischen ihnen auf dem Wanneneinsatz. Ripley taucht die Hand ins Wasser, prüft die Temperatur. Dann dreht er den Hahn auf und läßt einen Schwall heißen Wassers nachfließen. Er schenkt Wein ein. Ist ganz unsinnig glücklich.
Dickie: Hast du eigentlich Brüder?
Ripley: Nein, weder Brüder noch Schwestern.
Dickie: Ich auch nicht. Das gleiche gilt für Marge. Lauter Einzelkinder. Und was bedeutet das?
Er sieht Ripley an, der seinen Blick eine Spur zu lange erwidert.
Ripley: Daß wir nie mit jemandem zusammen gebadet haben. Mir ist kalt. Darf ich rein?
Dickie: Nein!
Ripley: Ich meinte nicht, solange du drin bist.
Dickie (steht auf): Okay, dann bist du jetzt dran. Ich bin sowieso schon ganz schrumpelig.

Er steigt aus der Wanne, geht hinter Ripley vorbei, der sich nicht umdreht. Aber er kann Dickie im Spiegel betrachten. Jetzt sieht Dickie sich nach ihm um und hält seinen Blick sekundenlang fest, bevor er ihm mit dem Zipfel seines Badetuchs eins überzieht.

American-Express-Agentur, Neapel. Innen/Außen. Tag.

Ein Angestellter studiert Dickies Paßfoto, eine Aufnahme älteren Datums. Der Angestellte wirkt mißtrauisch. Dickie ist das gewöhnt.
    Dickie: Doch, das bin schon ich. Ist nur ein altes Foto. (Seufzend zu Ripley:) Immer dasselbe – »sind Sie das auch wirklich? Sieht Ihnen gar nicht ähnlich«.
Er unterzeichnet die Quittung für seinen Wechsel. Neben ihm liegt eine elegante Schriftmappe mit seinen Initialen in auffälligem Prägedruck. Ripley sieht zu, wie er unterschreibt und ein dickes Bündel Banknoten entgegennimmt.
    Büroangestellter: Post für... Greenleaf – ah ja – und für Ripley.
Ripley nimmt seine Post in Empfang, überfliegt die Kuverts. Als sie hinaus auf den Bürgersteig treten, hält er Dickie einen seiner Briefe hin.
    Ripley: Von Fran. (Als könne er ihre Zeilen erraten:) *Du fehlst mir so sehr, wann kommst du nach Hause? Hör auf, mir von Deiner herrlichen Zeit in Italien vorzuschwärmen, von Deinem geliebten Dickie... und von Marge und...* (Greift nach dem nächsten Brief.) Und der hier ist, denke ich, von deinem Dad...

Im Zug nach Rom. Innen. Tag.

Ripley sitzt im Abteil und liest den Brief von Herbert Greenleaf. Er runzelt die Stirn, läßt den Brief sinken, schaut aus dem Fenster.
    Dickie: Was schreibt er denn?
    Ripley: Er wird langsam ungeduldig. Ich soll ihm verbindlich zusichern, daß du an Thanksgiving zu Hause bist.
    Dickie: Du brauchst ein neues Jackett. Ehrlich. Du mußt es doch leid sein, immer in denselben Klamotten herumzulaufen. Ich bin's jedenfalls leid, dich ständig darin zu sehen.
    Ripley: Es geht nicht. Ich kann nicht dauernd das Geld deines Vaters ausgeben.
    Dickie: Ich bewundere dein Verantwortungsgefühl. Mein Vater sollte dich zum Chefbuchhalter ernennen. Aber gut, dann kauf' ich dir eben ein Jackett. In Rom gibt's einen phantastischen Schneider, Batistoni.
Ripley ist ganz beglückt von diesem Vorschlag und wiederholt in stummer Lippensprache den Namen »Batistoni«.
    Dickie: Andiamo a Roma! Wir fahren mit Tom nach Rom!

Das Caffè Arcari, Piazza Navona, Rom. Außen. Tag.

Ripley und Dickie sitzen in einem Straßencafé an der Piazza Navona. Sehr schickes, sehr weltgewandtes, sehr junges Publikum. Vor ihnen auf dem Tisch stehen bereits mehrere leere Kaffeetassen und eine halb geleerte Flasche Frascati. Ripley hat seinen Reiseführer aufgeschlagen und platzt fast vor Ungeduld. Dickie hat es sich bequem gemacht und bleibt bis zum Ende der Szene lässig ausgestreckt sitzen.

Ripley: Wo finden wir eine *carrozza* zum Forum, oder können wir da jede x-beliebige Kutsche mieten?
Dickie: Immer mit der Ruhe.
Ripley: Es ist ja nur, weil es so furchtbar viel zu sehen gibt für einen einzigen Tag.
Dickie: Keine Hektik! Die allerwichtigste Frage lautet erst mal: Wohin gehen wir essen? Hoffentlich hat Freddie was reserviert.
Ripley: Freddie?
Dickie: Freddie Miles. Du weißt schon – er organisiert die Skiferien in Cortina.

Der Gedanke, daß sich ausgerechnet an diesem besonderen Tag ein Dritter zwischen sie drängen soll, ist Ripley unerträglich. Lautes Hupen schreckt ihn auf. Freddie Miles parkt seinen offenen Sportwagen im Halteverbot direkt gegenüber vom Café. Kaum, daß er Dickie entdeckt hat, kommt er auch schon angetrabt. Er ist ein stämmiger Amerikaner mit rötlich-blondem Bürstenschnitt. Ripley findet, daß er furchtbar ordinär aussieht. Dickie ist hocherfreut.

Dickie: Federico!
Freddie: Ciao bello. (Sieht eine schöne Frau im offenen Wagen vorbeifahren.) Ach, wenn man doch jede Frau vögeln könnte – wenigstens einmal!

Sie begrüßen sich auf südländische Art, mit Wangenküssen.

Dickie: Das ist Tom Ripley. Tom – Freddie Miles.
Freddie (mit lüsterner Grimasse): Was denn, ich komm' zu spät? He, was wird erst ihr Mann dazu sagen!

Er gießt Wein in Dickies Glas und trinkt es im Stehen aus.

Freddie: Dann mal los, Freunde. Ich hab' uns bei Fabrizio einen Tisch im Freien reserviert.

Im Nu ist Dickie aufgesprungen und überläßt es Ripley, die vielen kleinen Kassenbons einzusammeln, zusammenzuzählen und die Rechnung zu begleichen.

Dickie: Und jetzt machen wir einen drauf. Ich sag' dir, ich geh' langsam ein da unten in Mongi.

Untergehakt wie zwei Italiener, schlendern Freddie und Dickie über die Straße zu Freddies Wagen.

Freddie: Versteh' ich. Ich kenn' ja das Nest. (Blickt sich nach Ripley um, der mit dem Kellner radebrecht.) Tommy! Pech gehabt – Stehplatz. Ist leider nur ein Zweisitzer. Na, hopp, hopp, Tommy!

Der abgehängte Ripley folgt den beiden. Im Wagen ist tatsächlich kein Platz mehr. Er zwängt sich hinten auf den Notsitz.

Freddie: Nein, komm nach vorne und setz dich zwischen uns. Aber nicht mit den Schuhen auf den Sitz, verstanden? Stell die Füße aufeinander. Okay?

Ein Jazzplattenladen. Innen. Spätnachmittag.

Der Plattenladen, der versteckt in einer kopfsteingepflasterten Seitengasse liegt, wird von der römischen Schickeria frequentiert. Unter Schwaden von Zigarettenrauch durchwühlt der dichtgedrängte Pulk die Regale. Freddie und Dickie haben sich in eine der beiden Tonkabinen gezwängt und teilen sich ein Paar Kopfhörer. Ripley steht wie ein Kammerdiener mit den Jacketts der beiden vor der Kabine, während Freddie und Dickie sich drinnen, hinter der Glaswand, angeregt unterhalten. Ripley blickt sehnsüchtig nach draußen, wo es schon dämmrig wird. Dickie erhascht einen Blick auf seine Leichenbittermiene und schiebt die Falttür auf.

Dickie: Hör zu, Tom, wir müssen nachher noch in einen Club, Freddie ist da mit Freunden verabredet. Wenn du so scharf auf die Sehenswürdigkeiten bist, nimmst du dir am besten ein Taxi. Wir treffen uns dann am Bahnhof.

Ripley (völlig geknickt): Was denn für ein Club?
Dickie: Freddie hat ein paar von der Skigruppe da hinbestellt. Kannst mitkommen, wenn du willst, aber ich dachte, du wolltest unbedingt aufs Forum...?
Ripley: Wollte ich auch. Und dann vielleicht die Jacke kaufen und was sonst noch...
Freddie (aus der Kabine): Dick – das mußt du dir anhören!
Dickie (unempfänglich für Ripleys Kummer): Paß auf, wenn wir zurück sind, kriegst du eine von meinen. Mach dir also um die Klamotten keine Sorgen. Und das Forum, das hab' ich schon mit Marge gemacht, und ehrlich gesagt, einmal langt vollkommen.
Ripley reicht ihm die Jacken und wendet sich zum Gehen.
Dickie: Ciao. Viel Spaß.
Ripley geht zur Tür, kehrt aber noch einmal um und klopft an die Kabine. Dickie schiebt die Tür auf.
Ripley: Du sagtest doch, ich soll dafür sorgen, daß du den Zug nicht verpaßt. Er geht Punkt acht.

Das Kapitol. Außen. Spätnachmittag.

Ripley steigt die Treppe zum Campidoglio hinauf und geht weiter bis zum Forum. Er kommt an der Kolossalstatue Konstantins des Großen vorbei, bleibt bewundernd stehen. Das ist der wahre Ripley, der Ästhet, Liebhaber der schönen Künste, der sich von den Meisterwerken der Antike inspirieren läßt. Er ist ergriffen. Ihm ist kalt. Er gäbe alles darum, nicht allein zu sein.

Bahnhof in Rom. Innen. Abend.

Es ist acht Uhr vorbei. In einer offenen Waggontür des Zuges nach Neapel steht Ripley und wartet einsam und verzweifelt auf Dickie. Als der Zug anfährt, gibt er auf, geht zum Abteil und schließt resigniert die Tür.

Dickies Schlafzimmer. Innen. Nacht.

Sehr laute Musik: Bing Crosbys *May I*. Ripley tanzt vor dem Spiegel. Er hat keine Brille auf und ist als Dickie verkleidet, trägt dessen Smoking, aber ohne Hosen. Er richtet sich die Haare, ahmt einen für Dickie typischen Gesichtsausdruck nach. Überall im Raum liegen Kleidungsstücke verstreut. Ripley hat eine kleine Modenschau veranstaltet. Er singt mit Bing im Duett.
    Dickie (aus dem Off): Was machst du da?
Ripley fährt entsetzt herum und sieht Dickie in der Tür stehen. Die Musik dröhnt weiter.
    Ripley: Oh – das... das war nur so zum Spaß. Entschuldige, Dickie. (Pause.) Ich dachte nicht, daß du heute noch kommst.
Dickie stellt den Plattenspieler ab.
    Dickie: Sei so gut und zieh meine Sachen aus.
Ripley beginnt sich auszukleiden, aber seine Finger sind vor Scham und Schreck wie gelähmt. Dickie blickt kopfschüttelnd auf seine Füße.
    Dickie: Sogar die Schuhe?
    Ripley (kleinlaut, wenig überzeugend): Du hast doch gesagt, ich könnte mir eins von deinen Jacketts aussuchen, und da wollte ich bloß... Entschuldige.
    Dickie: Sei so gut und zieh dich bei dir drüben aus, ja?

Ripley: Ich dachte, du hättest den Zug verpaßt.
Dickie: Freddie hat mich hergefahren.
Ripley (entsetzt): Freddie ist hier?
Dickie: Unten, ja.
Ripley: Ich hab' bloß 'n bißchen rumgekaspert. Sag ihm nichts. Es tut mir leid.

Dickie wartet, bis er gegangen ist; dann setzt er sich zwischen die herumliegenden Kleidungsstücke. Er findet die Situation durchaus nicht komisch.

Dickies Terrasse. Außen. Tag.

Ripley schleicht sich betreten herunter und findet Marge, Dickie und Freddie gut gelaunt beim Frühstück auf der Terrasse. Besonders Dickie ist in Hochstimmung.
Marge: Hi, Tom! Komm, setz dich zu uns.
Freddie: Grad hab' ich gesagt, wie sehr ich dich um deinen Job beneide, Tommy. Du lebst in Italien, wohnst in Dickies Haus, ißt an Dickies Tisch, trägst seine Kleider, und die Rechnung für den ganzen Spaß, die bezahlt sein Vater. Falls es dir mal langweilig wird, sag mir Bescheid: Ich übernehme gern!

Das Meer, an Bord der ›Bird‹. Außen. Tag.

Die Jacht schaukelt auf den Wellen. Freddie und Dickie und Marge schwimmen nebenher, dann klettert Marge wieder an Bord, wo Ripley allein mit einem Buch sitzt.
Marge: Du solltest wirklich auch mal reingehen, es ist herrlich.
Ripley: Kein Bedarf.

Marge, die merkt, daß er sich ausgegrenzt fühlt, geht auf ihn zu. Sie trägt einen roten Bikini und trocknet sich während des Gesprächs mit einem Badetuch ab.

Marge: Alles in Ordnung?

Ripley: Aber ja.

Sie sehen zu, wie Dickie und Freddie im Wasser herumtollen.

Marge: Solange man mit Dickie zusammen ist, kommt es einem vor, als ob immer die Sonne scheint, und das ist wunderbar. Aber irgendwann vergißt er einen, und dann wird es sehr, sehr kalt.

Ripley: Die Erfahrung mach' ich grade.

Marge: Er ist sich dessen nicht einmal bewußt. Wenn er sich für jemanden interessiert, dann gibt er ihm das Gefühl, der Mittelpunkt der Welt zu sein. Darum lieben ihn ja auch alle. Aber zu anderen Zeiten...

Man hört Dickie schreien, während er und Freddie sich einen Ringkampf liefern.

Dickie (lachend und mit erstickter Stimme): Hilfe, der ertränkt mich!

Marge: Es ist immer das gleiche, wenn jemand Neues in sein Leben tritt – Freddie, Fausto, Peter Smith-Kingsley – ein wunderbarer Mensch, kennst du ihn, er ist Musiker? –...und du natürlich... und das sind bloß die Jungs.

Sie sehen zu, wie Freddie Dickie untertaucht.

Marge: Sag mal, warum geht es bei den Spielen von euch Männern eigentlich immer nur ums Töten?... Das mit Cortina tut mir übrigens leid.

Ripley: Wieso? Was ist mit Cortina?

Marge: Hat Dick es dir nicht gesagt? Also er hat mit Freddie gesprochen, es klappt anscheinend nicht... (Ripley fällt in sich zusammen; Marge merkt es, wagt kaum, ihn anzusehen.) Freddie sagt, die Zimmer reichen nicht.

Meer, an Bord der ›Bird‹. Außen. Dämmerung.

Die Jacht hat wieder Fahrt aufgenommen. Ripley sitzt immer noch in seiner Ecke. Dickie und Freddie stehen am Ruder.
Dickie: Hör mal, Federico, mußt du wirklich schon zurück? Bleib doch wenigstens noch bis zum Fest der Madonna.
Freddie: Nichts für mich. Komm du lieber mit zurück nach Rom. Wir haben einen phantastischen neuen Club. Jede Menge Mädchen, wir genehmigen uns 'n paar Drinks und...
Marge, immer noch im Bikini, verschwindet in der Kajüte. Dickie sieht Freddie an, schneidet eine Grimasse.
Dickie: Glaubst du, du kannst die Lady auf Kurs halten?
Freddie: Klar.
Dickie: Halt einfach stur auf Capri zu und nimm dich vor den Klippen in acht.
Freddie: Was hast du denn vor?
Dickie: Wartungsdienst bei Marge.
Freddie: Aye, aye.
Dickie geht in die Kajüte. Freddie übernimmt das Ruder. Der Wind frischt auf, und die Jacht pflügt durch die Wellen.
Von seinem Platz aus kann Ripley in der Ferne Capri erkennen. Aber durchs Bullauge kann er auch die Kajüte einsehen, oder zumindest einen Ausschnitt davon. Er späht hinunter, sieht nacktes Fleisch aufblitzen, dann nichts mehr. Bald darauf neigt sich die Jacht im Seegang, und er sieht, wie das Bikini-Oberteil auf einen Stuhl fliegt. Marges bloßer Fuß zuckt rhythmisch auf und ab, sie spreizt die rotlackierten Zehen. Ripley starrt wie hypnotisiert, fühlt sich erregt und zugleich schmählich hintergangen.
Freddie (lautstark): Na, Tommy, wie ist die Peepshow?

Komm schon, Tommy, du hast spioniert, ich hab's genau gesehen. Tommy, der Spanner!

Ripley wendet sich beschämt ab, starrt in die gischtenden Bugwellen und findet darin den Aufruhr in seinem Innern widergespiegelt.

Liegeplatz von Dickies Jacht. Außen. Tag.

Die *Bird* nähert sich ihrem Liegeplatz unweit von Dickies Haus. Dickie mimt wie immer den Kapitän, fegt übers Deck und kommandiert Marge, Ripley und Freddie, seine Besatzung, lautstark herum. Ripley schaut hinüber zum Strand, wo Silvana steht und auffällig zu ihnen hinstarrt. Dickie hat sie auch bemerkt.

Helling in Mongibello. Außen. Nachmittag.

Ein Frauenkopf taucht plötzlich aus dem Wasser auf. Er gehört zu einer lebensgroßen Statue der Jungfrau Maria und ist mit einem blumenbekränzten Spitzenschleier geschmückt. Als die starre Holzfigur zur Gänze zum Vorschein kommt, zeigt sich, daß sie von vier Männern auf einem Gestänge getragen wird. Mit der Madonna auf den Schultern waten die vier an Land. Ganz Mongibello ist auf den Beinen, um dem alljährlich begangenen Fest der Madonna del Mare beizuwohnen. Die Zuschauer stehen teils in den an der Mole vertäuten Fischerbooten, teils auf dem Kai um den Priester und seine Weihrauchkessel schwenkenden Meßdiener versammelt. Ripley, Dickie und Marge beobachten das Schauspiel von Dickies Terrasse aus. Kirchenlieder erklingen, die Statue wird an Land gebracht, wobei die Träger sich so geschickt

hinter dem Tragegestell verborgen halten, daß die Madonna tatsächlich übers Wasser zu wandeln scheint. Die Gemeinde applaudiert der effektvollen Inszenierung.
Plötzlich treibt, etwa fünfzig Meter von der Statue entfernt, ein zweiter Kopf an der Wasseroberfläche. Aus der Menge löst sich ein Schrei: Jemand hat die Tote erkannt. Es ist Silvana. Einer der Madonnenträger reckt sich erst in die Richtung, aus der der Schrei kam, dann entdeckt auch er die von der Flut angeschwemmte Leiche. Der Mann ist Silvanas Verlobter. In wilder Hast läßt er seine Bürde fahren, die seitwärts ins Wasser kippt, und watet und paddelt gischtsprühend und vor Schmerz wie von Sinnen auf den Leichnam zu.
Am Ufer bricht die Hölle los, die Menge stiebt auseinander, etliche tun es dem jungen Mann gleich und springen ebenfalls voll bekleidet in die Fluten. Oben auf der Terrasse dreht Ripley sich nach Dickie um, fängt dessen Blick auf.

Dickies Terrasse. Außen. Nachmittag.

Marge und Ripley und Dickie beobachten von der Terrasse aus, wie unten ein Krankenwagen die Leiche abtransportiert. Der ganze Ort scheint Zeuge zu sein – Verlobter, Eltern, Geschwister, Carabinieri, Priester usw. Als die Bahre ins Fahrzeug gehievt wird, kommt es zu einem kurzen Handgemenge zwischen Silvanas Verlobtem und ihrem Bruder. Man trennt die Streitenden. Dann fährt der Krankenwagen ab.

Ripley: Weshalb wollten die sich schlagen? Das ist doch ihr Verlobter, oder? Geben die ihm die Schuld?
Dickie (in scharfem Ton): Weiß ich doch nicht! Was fragst du mich? (Aufgewühlt:) Wie kann man eine ganze Stunde brauchen, um einen Krankenwagen aufzutreiben?

Marge (beschwichtigend): Aber sie war doch schon tot, Darling, also hätte es wohl auch nichts gebracht...
Dickie: Ich begreife nicht, warum alle Welt von der Kultur dieses Landes schwärmt. Davon kann doch keine Rede sein. Das ist ein ganz primitives Volk, verdammt noch mal!

Und damit tritt er mit voller Wucht gegen einen Stuhl, auf dem sein Plattenspieler steht. Schallplatten, Apparat und Stuhl schlittern polternd quer über die Terrasse. Dickie stürmt aufgebracht ins Haus.

Marge: Dickie!
Ripley: Ich seh' mal nach, was mit ihm los ist.
Marge: Nein, ich gehe!

Dickies Haus. Innen, Spätnachmittag.

Dickie sitzt zusammengesunken in einem Sessel am offenen Fenster, das auf die Helling hinausgeht. Er spielt Saxophon. Eine herzzerreißende Phrase aus *You Don't Know What Love Is*. Ripley erscheint und beginnt das Zimmer aufzuräumen. Er sammelt leere Flaschen ein, hebt ein Bikini-Oberteil auf.

Ripley: Ich weiß, warum du's so tragisch nimmst. (Dickie spielt einfach weiter). Ich weiß Bescheid über Silvana, Dickie. Über dich und Silvana.

Dickie setzt das Instrument ab.

Dickie: Was soll mit uns sein?

Ripley hat mittlerweile einen ganzen Arm voll Geschirr, Gläser und Flaschen eingesammelt.

Dickie (verliert die Beherrschung): Du brauchst hier nicht die Putzfrau zu spielen, verdammt!

Ripley verschwindet in der Küche.

Dickie (als Ripley wieder hereinkommt): Sie war

schwanger. Hast du das auch gewußt? Hast du eine
Ahnung, was das in so einem Nest bedeutet?
Ripley: Ich bin bereit, die Schuld auf mich zu nehmen.
Dickie: Wovon sprichst du?
Ripley: Du bist so gut zu mir gewesen. Für mich bist du
der Bruder, den ich nie hatte. So wie ich der Bruder bin,
den du nie gehabt hast.
Dickie: Sie hat mich um Hilfe gebeten, sie brauchte
Geld, und ich habe nichts für sie getan. Ich habe ihr nicht
geholfen. Jetzt ist sie tot, und ich bin schuld.
Ripley: Ich werde nichts sagen – weder zu Marge noch
zur Polizei oder sonst jemandem.... Es bleibt unser Geheimnis, und ich werde es nicht verraten.

Er verschwindet wieder und überläßt Dickie seinem Saxophon. Der nimmt sein Spiel wieder auf; doch irgendwie fühlt
er sich Ripley jetzt ausgeliefert.

Ripleys Stimme (aus dem Off): *Lieber Tom, ich denke,
es ist an der Zeit, Ihre Spesenzahlungen einzustellen...*

American-Express-Agentur, Neapel. Außen. Tag.

Ripley und Dickie kommen aus der American-Express-Agentur. Dickie schiebt noch einige Geldscheine in seine Brieftasche, Ripley – verzagt – liest einzelne Passagen aus einem
Brief von Herbert Greenleaf vor.
*Ripley: Die tausend Dollar Erfolgshonorar wären natürlich nur dann fällig geworden, wenn Sie Dickie zur
Rückkehr hätten bewegen können. Ich hoffe indes, daß
Ihnen Ihre Reise, auch wenn deren eigentliche Mission
gescheitert ist, anderweitig lohnende Eindrücke beschert
hat. Bitte betrachten Sie sich fürderhin als von allen
Verpflichtungen uns gegenüber entbunden...*

Dickie: Das kannst du ihm nicht verdenken. Du wirst doch kaum erwartet haben, daß das ewig so weitergeht.
Ripley: Ich dachte, du schreibst ihm vielleicht noch einmal. Jetzt, wo wir Brüder sind...
Dickie: Unmöglich, wie könnte ich? Bei allem, was recht ist. Außerdem haben wir doch hübsch was rausgeschlagen, oder?
Ripley (immer kläglicher): Was ist mit Venedig? Können wir wenigstens das noch zusammen machen?
Dickie: Ich glaube nicht, Tom. Ohne Geld kannst du nicht bleiben. Eigentlich sollten wir uns alle zu einem Neuanfang aufraffen. Im übrigen ist mir Mongi ohnehin verleidet. Besonders jetzt, seit... Ich hätte wirklich Lust, in den Norden zu gehen. Nächste Woche muß ich mich erst mal in San Remo nach einem neuen Liegeplatz für die Jacht umschauen. Wenn du mich dahin begleiten würdest, das wäre toll. Unser letzter gemeinsamer Turn vor deiner Heimreise. In San Remo steigt ein Jazzfestival – da könnten wir ganz groß Abschied feiern. Na, was sagst du? Eine letzte Fahrt?

Zug nach San Remo. Innen. Nachmittag.

Dickie und Ripley unterwegs nach San Remo. Sie sitzen nebeneinander im Abteil. Dickie schläft. Ripley legt den Kopf auf seine Schulter, aber da ruft auch schon der Schaffner San Remo aus, klopft ans Fenster, und Dickie rückt schlaftrunken von ihm ab. Nun spielt Ripley sein gewohntes Spiel: Er studiert sein Gesicht, das sich im Zugfenster spiegelt. Dann biegt er den Kopf zurück und vergleicht seine Züge mit denen Dickies. Unversehens ertappt Dickie ihn dabei, wie er ihn anstarrt. Ripley wendet sich verlegen ab.

Dickie (kurz angebunden): Warum machst du das – ewig diese komischen Halsverrenkungen? Das ist ja zum Fürchten.

Hotelrestaurant, Terrasse, San Remo. Außen. Abends.

Dickie und Ripley überqueren eine Hotelterrasse, die fast ins Meer hineinragt. Das Restaurant ist mit Palmen geschmückt, und ein Jazzquintett spielt schmissigen amerikanischen Cool Jazz. Auf dem Weg zu ihrem Tisch kommen sie an der Band vorbei. Dickie zeigt sich fasziniert. An einem der Tische sitzen ein paar junge Mädchen, und Dickie lächelt begehrlich.
Dickie: Das lass' ich mir gefallen. Hab' ich dir nicht gesagt, San Remo ist ein heißes Pflaster?
Man führt sie zu einem guten Tisch. Dickie konzentriert sich auf die Band, während ein Kellner ihre Gläser mit Champagner füllt. Ripley macht einen glücklichen Eindruck. Endlich hat er Dickie ganz für sich allein.
Ripley: Auf Mongibello und die glücklichste Zeit meines Lebens.
Dickie: Auf Mongi. Du bist ja heute abend so gut drauf.
Ripley: Ja, ich bin auf einmal ganz froh, daß ich zurückfahre.
Dickie: Gut so.
Ripley: Ich hab' nämlich Pläne.
Dickie: Ripleys Pläne!
Ripley: *Esatto.* Ich plane ständig.
Dickie: Sag, Tom, kennen wir uns wirklich aus Princeton? Nein, nicht wahr?
Ripley: Warum willst du das auf einmal wissen?

Dickie: Nur so. Wahrscheinlich weil du abreist. Ich glaube, du warst nicht mal in Princeton, oder?
Ripley: Wie kommst du darauf?
Dickie: Das sollte ein Kompliment sein. Ich weiß nicht, du hast so 'nen unheimlich guten Geschmack. Die meisten von den Knalltüten in Princeton hatten schon alles ausprobiert, aber Geschmack hatte von denen keiner. Wie heißt es so schön: die amerikanische Elite – reich und debil. Freddie ist das beste Beispiel dafür.
Ripley: Wenn das so ist, akzeptiere ich das Kompliment.
Dickie: Wußt' ich's doch! Ich hab' sogar mit Marge gewettet.
Ripley (nach einer Schrecksekunde): Ha!
Dickie: Und was ist mit Jazz? Magst du den überhaupt – oder hast du nur meinetwegen so getan als ob?
Ripley (offenbart sich jetzt arglos): Doch, inzwischen gefällt er mir. Wie mir überhaupt alles an deiner Art zu leben gefällt. Du und ich – das ist eine einzige große Liebesgeschichte. Wenn du wüßtest, wie mein Leben zu Hause in New York aussieht...

Dickie ist durch den Schlagzeuger abgelenkt, der ein exaltiertes Solo hinlegt, und bekommt darüber die Liebeserklärung gar nicht mit.

Dickie: Ich trage mich mit dem Gedanken, das Saxophon aufzugeben. Was hältst du von Schlagzeug?
Ripley: Wie?
Dickie: Das hat Klasse!

Er trommelt pantomimisch auf eine imaginäre Snare Drums- und Hi-Hat-Kombination ein. Ripley ist sprachlos vor soviel frivoler Sprunghaftigkeit.

Auf offener See. Außen. Tag.

Die Bucht von San Remo. Dickie und Ripley haben ein Motorboot gechartert.
Dickie: So hab' ich auch mein Haus in Mongi gefunden. Bin mit einem Boot rings um die Bucht geschippert. Und bei der ersten Hütte, die mir gefiel, hab' ich zugegriffen.
Das Motorboot durchpflügt die Wellen. Dickie berauscht sich an dem rasanten Tempo.
Ripley: Nicht so schnell, Dickie. Komm schon, sei vernünftig.
Ripley umklammert das Ruder, seine Knöchel sind schneeweiß. Dickie drosselt den Motor, und das Boot schlingert gemächlich vor sich hin. Sie sind meilenweit von der Küste entfernt.
Dickie (enthusiastisch): Herrliche Gegend! Hier werd' ich mich niederlassen.
Dickie zieht seine Jacke aus und trommelt mit den Fingern und dem Feuerzeug auf den Bootsrand, improvisiert einen Trommelwirbel, ist auf dem besten Weg, ein zweiter Buddy Rich zu werden.
Ripley: Ich wollte dir doch von meinem Plan erzählen.
Dickie: Also, ich höre.
Ripley: Ich hab' mir gedacht, ich könnte im neuen Jahr wiederkommen. Auf eigene Rechnung.
Dickie (plötzlich zugeknöpft): Ach, wirklich? Hierher nach Italien?
Ripley: Ja, klar. Mal angenommen – rein theoretisch – du ziehst wirklich hier runter – dann könnten wir uns vielleicht die Miete für ein Haus teilen – ich suche mir eine Stelle – oder noch besser: Ich könnte mir eine Wohnung in Rom nehmen, und solange wir dort sind, benut-

zen wir die, und wenn wir hier 'runterkommen, könnten wir...
Dickie: O Gott, schlag dir das lieber aus dem Kopf.
Ripley: ... vor allem, was das Problem mit Marge angeht, verstehst du? Du könntest die Schuld einfach auf mich schieben.
Dickie: Marge und ich, wir werden heiraten.
Ripley (entsetzt): Was?
Dickie: Wie – was?
Ripley: Gestern machst du den Mädchen auf der Hotelterrasse schöne Augen, und heute willst du plötzlich heiraten. Das ist doch verrückt.
Dickie: Ich liebe Marge.
Ripley: Du liebst mich und heiratest mich auch nicht.
Dickie (kühl): Ich liebe dich nicht, Tom.
Ripley: Schon gut, schon gut, du brauchst dich nicht bedrängt zu fühlen, das hab' ich dir doch alles schon erklärt.
Dickie: Ehrlich gesagt bin ich fast erleichtert, daß du zurückfährst. Ich finde, wir sollten uns eine Zeitlang aus dem Weg gehen.
Ripley starrt ihn an; plötzlich hat er Augen wie ein Reptil.
Ripley: Was soll das heißen?
Dickie: Du kannst eine richtige Klette sein – gib's zu –, und auf die Dauer wird das lästig. Ja, du kannst ganz schön lästig werden.
Ripley (heftig): Weißt du, was komisch ist: nicht *ich* verstelle mich, sondern *du*. Ich bin absolut ehrlich zu dir. Ich habe dir meine Gefühle rückhaltlos offenbart. Aber du, zuerst merke ich, daß da was ist – zum Beispiel an dem Abend, als wir Schach gespielt haben, das war doch offensichtlich...
Dickie (ungläubig): Was für ein Abend?

Ripley: Klar – ich weiß, das ist dir zu gefährlich, und ich akzeptiere das, okay! Wir sind Brüder, meinetwegen. Aber dann gehst du her und treibst dieses schmutzige Spiel mit Marge, vögelst sie auf der Jacht, wo wir alles mitanhören müssen, was offen gesagt ekelhaft war, und überhaupt bist du deinem Schwanz hörig wie ein... Und jetzt willst du auf einmal heiraten! Verzeih mir, aber das begreif' ich nicht... Erst betrügst du Marge, dann heiratest du sie, zwischendurch machst du Silvana ein Kind... Erst mußt du unbedingt Saxophon spielen und dann auf einmal Schlagzeug – was denn nun, Dickie, was spielst du wirklich?

Dickie ist wütend aufgesprungen und torkelt auf Ripley zu.

Dickie (greift Ripley an, versetzt ihm Schlag auf Schlag lauter kleine Hiebe, die seine Rede unterstreichen wie ein harter Trommelwirbel): Wer bist du – ein Hochstapler, ein drittklassiger Abstauber – und du wagst es, mir Vorhaltungen zu machen? Und damit du's weißt, ich hab' überhaupt keine Lust mehr auf diesen Turn mit dir zusammen. Keinen Schritt kann ich mehr ohne dich tun, ständig sitzt du mir im Nacken, und ich krieg' das kalte Grausen davon, daß du's nur weißt. (Er geht und will den Motor anwerfen.) Auf Schritt und Tritt verfolgst du mich mit deinem »Dickie, Dickie, Dickie« – wie ein kleines Mädchen. Du machst mich...

Ripley schlägt ihm das Ruder über den Kopf. Dickie rutscht auf den Planken aus, verdreht in ohnmächtigem Staunen die Augen.

Ripley: Hör auf! Du sollst still sein, endlich still sein!

Das Boot verliert Fahrt, sowie Dickie die Ruderpinne entgleitet. Dickie blickt taumelnd zu Ripley auf und sinkt hintenüber.

Dickie: Um Gottes willen.

Ripley, über sich selbst erschrocken, geht zu Dickie hin und hilft ihm auf. Das Boot schwankt bedenklich. Starr vor Entsetzen muß Ripley mitansehen, wie Dickies scheinbar unverletztes Gesicht plötzlich aufbricht wie eine aus der Schale berstende Frucht; ein Blutstrom quillt aus der klaffenden Wunde. Ripley gerät in Panik. Aber da stößt Dickie plötzlich ein furchtbares Gebrüll aus und stürzt sich auf Ripley.

Dickie: Ich bring' dich um!

Ripley stößt ihn wie in Trance von sich, greift nach dem Ruder, schüttelt Dickies Hand ab, die seinen Knöchel umklammert. Dickie taumelt gegen die Ruderpinne, worauf das Boot wie verrückt zu schaukeln und zu schlingern beginnt. Ripley verliert fast das Gleichgewicht. Seine Brille fällt herunter. Wieder gehen die beiden aufeinander los, ein Kampf auf Leben und Tod entbrennt um die Herrschaft über das Ruder. Dickie, der kaum sehen kann, weil das Blut ihm in die Augen läuft, verliert den Halt.

Ripley schlägt in panischer Angst wieder und wieder auf Dickie ein, schwingt das Ruder hart und flach wie einen Teppichklopfer. Alles ist voll Blut, das Ruderblatt, Ripley. Endlich bricht er, mühsam um Atem ringend, in die Knie und läßt den Arm sinken, nur um angewidert festzustellen, daß er ihn in eine Blutlache getaucht hat. Er beginnt zu schluchzen. Lang hingestreckt liegt er neben Dickie und weint, entsetzt über das, was er getan hat.

Weit und breit ist niemand zu sehen. Das Boot schaukelt sacht, die Wellen glitzern ungerührt in der Sonne. Ripley liegt mit Dickie im Boot, hält ihn umschlungen, wie er es sich immer gewünscht hat.

Das hübsche blau-weiße Boot schaukelt friedlich. Das Meer liegt ruhig da.

Eine kleine Bucht unweit von San Remo. Außen. Nachmittag.

Eine einsame Bucht, etliche Meilen weiter an der Küste. Ripley klettert auf einen Felsen am Ufer und sieht zu, wie das Boot langsam untergeht. Zitternd vor Kälte und Erschöpfung sucht er nach Dickies Jacke, zieht sie an und wartet, bis das Boot im Meer versunken ist.

San Remo. Außen. Dämmerung.

Ripley frierend, durchnäßt, auf dem Weg zurück ins Hotel. Er trägt immer noch Dickies Jacke, hat seine Tasche über der Schulter.

Hotellobby. Innen. Früher Abend.

Ripley tritt an die Rezeption. Ihn fröstelt. Er hat keine Brille auf.
    Ripley: Meinen Schlüssel, bitte.
    Portier (am Schlüsselbrett): Selbstverständlich ... Sie müssen ja ganz durchgefroren sein? Signor Greenleaf? Ja ...?
    Ripley (fieberhaft überlegend): Nein, es ist nur ... ich bin ...

Straße von Neapel nach Mongibello. Außen. Tag.

Ripley sitzt in einem Bus, der nach Mongibello rumpelt. Er starrt blicklos aus dem Fenster, denkt unablässig an das, was er getan hat. Hat keine Ahnung, wie es weitergehen soll.

Mongibello. Fischerhafen. Außen. Tag.

Der Bus fährt in den Ort ein. Ripley steigt aus. Er wirkt ruhig, ganz gesammelt.

Dickies Wohnzimmer. Innen. Tag.

Ripley betritt das Wohnzimmer, geht langsam auf Dickies Saxophon zu, das in seinem Gestell auf dem Tisch thront. Aber er kann es nicht berühren, zu übermächtig steht ihm Dickies Bild vor Augen.

Dickies Wohnzimmer. Innen. Tag.

Ripley hat Dickies Reiseschreibmaschine, eine Hermes, auf den Sekretär gestellt und tippt einen Brief nach dem anderen herunter. Den an die Greenleafs hat er schon fertig, eben beendet er einen an Marge. Einen Teil davon können wir lesen: *c/o American Express, Rom, den 9. November 1958. Liebe Marge, es fällt mir sehr schwer, Dir diesen Brief zu schreiben...* Ripley greift nach seinem Shakespeare, entnimmt ihm die Karte mit Dickies Abschrift und den Unterschriftsproben und setzt anhand der Vorlage Dickies Namenszug unter den Brief.

Marges Garten, Mongibello. Außen. Tag.

Ripley steht an Marges Gartentor; sie arbeitet drinnen an ihrem Buch. Auf dem Tisch vor ihr liegen Notizen und Exzerpte, zum Schutz gegen den Wind mit Steinen beschwert.

Er sieht sie so lange an, bis auch sie aufblickt. Vor Schreck schreit sie leise auf.

Ripley: Hallo, Marge.

Marge: Tom, hast du mich erschreckt! Du bist also wieder da.

Ripley: Wie geht es dir? Kommst du gut voran mit dem Buch?

Marge: Ja, danke... ich hab' grad 'ne kreative Phase.

Ripley: Ich konnte mich eben gar nicht satt sehen an dir. (Er sieht sie zärtlich an.) Du wirktest so friedlich.

Marge: Wo ist Dickie?

Ripley: Ich glaube, er wollte noch ein paar Tage in Rom bleiben.

Marge (sieht ihn forschend an): Ach. Hat er gesagt, warum?

Ripley: Keine Ahnung. Marge, ich kenne mich nicht mehr aus mit Dickie, er ist auch mir ein Rätsel.

Marge: Was soll das heißen?

Ripley: Na ja, heute bin ich zum Skifahren eingeladen, morgen werde ich wieder ausgeladen, gestern waren wir alle noch eine große Familie, heute will er auf einmal allein sein. Sag *du* mir, was das zu bedeuten hat.

Marge: Hat er das gesagt? Daß er allein sein will?

Ripley: Er dachte vor allem an dich, Marge – er bat mich, dir das hier vorbeizubringen.

Er reicht ihr ein Päckchen. Sie macht es auf, entnimmt ihm eine Flasche Parfum.

Marge: Danke. Er weiß, ich liebe diesen Duft, ich verstehe bloß nicht, warum das nicht warten konnte, bis...

Ripley: Auftrag Nummer eins: Marges Parfum abliefern. Auftrag Nummer zwei: Ihm ein paar Sachen zusammenpacken und sein geliebtes Saxophon.

Marge (erschrocken): Wie lange bleibt er denn?

Ripley: Was weiß ich? Ich fürchte, wir sind abgeschrieben.

Strand von Mongibello. Außen. Früh am Morgen.

Marge geht am Strand entlang, irrt auf die Mole hinaus, eine einsame, bleiche Gestalt an einem tristen Wintermorgen.

Dickies Wohnzimmer. Innen. Morgen.

Als Ripley die Treppe herunterkommt, steht Marge am Kühlschrank im Wohnzimmer. Sie macht sich etwas zu trinken und holt die Eisschale aus dem Kühlfach. Sie ist aschfahl, sieht aus, als hätte sie geweint. Jetzt geht sie zurück in die Küche.
Marge: Meinem Parfum lag ein Brief von Dickie bei. Hast du nicht auch gemerkt, daß seine »paar Tage« längst überschritten sind? Er hat vor, ganz nach Rom zu ziehen.
Sie knallt die Eisschale so heftig auf die Küchentheke, daß die Eiswürfel quer durch den Raum springen. Ripley kniet sich auf den Boden und sammelt sie wieder ein. Marge hat den Brief in der Hand und zeigt ihn Ripley. Er füllt ihr Glas mit frischem Eis.
Marge: An dem Abend, bevor er wegfuhr, haben wir über einen Ortswechsel gesprochen – darüber, zusammen in den Norden zu ziehen. Und ich habe ihn wohl unter Druck gesetzt wegen der Heirat... habe ihn womöglich damit verprellt. Er hat etwas an sich – eine Art, die sonst keiner kennt, ich weiß, aber wenn sein Kopf neben meinem auf dem Kissen liegt, dann... ist er richtig zärtlich. (Gibt sich einen Ruck.) Ich glaube, ich

sollte mit dir nach Rom fahren und ihn ganz einfach zur Rede stellen.
Ripley zündet sich eine Zigarette an. Marges Selbstvertrauen schwindet.
Marge: Er haßt solche Konfrontationen.
Ripley: Du sagst es.

Albergo Goldoni, Rom. Innen. Tag.

Ripleys abgewetztes Gepäck wird in die winzige Lobby des kleinen Hotels gebracht. Am Empfang tauscht er seinen Paß gegen den Zimmerschlüssel ein und trägt dann seine Sachen eigenhändig hinüber zu dem Eisenkäfig, der hier als Aufzug dient. Dazwischen geschnitten die folgende Szene:

Grand Hotel, Rom. Innen. Tag.

Dickies stattliches Aufgebot an Lederkoffern wird von einem Pagen in Livree auf einem Wägelchen durch die Halle geschoben.
Dickies Paß gleitet über die Marmortheke. Zurück kommt ein Schlüssel, aufgefangen von einer Hand, an der Dickies auffällige Ringe blitzen. Aldo, der Chefportier, prüft den Paß, vergleicht das Bild mit seinem Besitzer. Ripley trägt einen hocheleganten Anzug, keine Brille, sein Haar ist à la Greenleaf gescheitelt. Als er spricht, hat seine Stimme den gleichen schleppenden, lässig selbstbewußten Klang.
Aldo: Wie schön, daß Sie uns wieder einmal beehren, Signor Greenleaf.
Ripley (im Gehen): Danke, sehr freundlich.

Ripleys Suite, Grand Hotel. Innen. Tag.

Der Page bringt die Koffer und öffnet sie, während Ripley die Suite abschreitet. Sie ist geräumig und luxuriös. Ripley schnuppert gierig das feudale Ambiente. Rasch entschlossen greift er zum Telefon.

> *Ripley:* Ja, bitte verbinden Sie mich mit dem Hotel Goldoni. Ja. Ich hätte gern Signor Thomas Ripley gesprochen – nein, Ripley, mit R, ganz recht. *Grazie.*

Er zückt Dickies Federhalter und wirft lässig eine Unterschrift auf die Schreibtischunterlage – *H. F. Greenleaf.* Dann zieht er eine Ansichtskarte aus der Schreibmappe, Dickies Schriftprobe anhand des Shakespeare-Zitats. Er vergleicht beide Unterschriften, ist mit dem Ergebnis zufrieden.
Das Telefon klingelt.

> *Ripley: Pronto?* Signor Ripley ist nicht im Haus? Dann richten Sie ihm bitte folgendes aus. Ja. Er möchte bitte Dickie anrufen – Dickie Greenleaf – im Grand Hotel.

Ripleys Zimmer im Goldoni. Innen. Tag.

Eine handtuchschmale Kammer mit Einzelbett. Ripley telefoniert.

> *Ripley:* Nicht da? Kann man nichts machen, dann möchte ich eine Nachricht hinterlassen: *Anruf erhalten. Abendessen heute geht in Ordnung. Ripley.* (Er hört zu, während die Nachricht am anderen Ende wiederholt wird.) Heute abend, stimmt, ja. Okay, besten Dank.

Gucci-Boutique, Rom. Innen. Tag.

Ripley hat seine Lederausstattung komplettiert – eine Aktenmappe und eine kleine Reisetasche erstanden. Er tritt an die Kasse und schreibt einen Scheck aus.
> *Ripley:* Ich hätte da gern meine Initialen drauf – geprägt, ich weiß nicht, wie das auf Italienisch heißt... verstehen Sie – geprägt?
> *Gucci-Verkäufer:* Geprägt, aber natürlich, Signor Greenleaf.

Von draußen wird aufgeregt an die Schaufensterscheibe geklopft, und eine Frauenstimme ruft: Dickie! Erschrocken fährt Ripley herum und sieht Meredith Logue draußen stehen. Sie ist allein und entzückt über die unverhoffte Begegnung. Er lächelt und antwortet mit Lippensprache: Hallo!
> *Meredith* (betritt den Laden): Dickie! Nein, so ein Zufall! Ciao.

Über die Piazza Navona zum Caffè Arcari. Außen. Tag.

Ripley und Meredith schlendern über die Piazza auf das Café zu.
> *Meredith:* Aber zum Skifahren gehen Sie schon noch mit uns Yankees, oder?
> *Ripley:* Wie?
> *Meredith:* Na, an Weihnachten. Nach Cortina, mit Freddie Miles und...
> *Ripley* (unterbricht sie erstaunt): Woher wissen Sie das?
> *Meredith:* Von Freddie. Alle Welt kennt Freddie Miles.
> *Ripley* (unbehaglich): Ist Freddie denn auch in Rom?
> *Meredith:* Ich glaube nicht, nein. Aber natürlich sind wir uns schon begegnet und haben uns unterhalten, und

ich weiß alles über Sie und Marge und Mongi und was Sie für ein Windhund sind. Ein Windhund – das hat Freddie gesagt, und ich dachte bei mir, nun weiß ich, warum er unter R reist.
Ripley: Meredith, ich habe Marge verlassen. Und Mongi. Der Windhund lebt jetzt hier, in Rom.
Meredith: Tut mir leid, ich hätte mich nicht darüber lustig gemacht, wenn ich…
Ripley: Es braucht Ihnen nicht leid zu tun. Ich war nie im Leben glücklicher. Ich fühle mich wie neugeboren.

American-Express-Agentur, Rom. Außen. Tag.

Meredith und Ripley kommen die Spanische Treppe herunter und betreten die Agentur.
Meredith: Seien wir doch mal ehrlich: Wer sein Leben lang im Geld schwimmt – selbst wenn er es verachtet, was wir ja tun, nicht wahr? –, also richtig wohl fühlen kann der sich doch nur unter Leuten, die auch Geld haben und es genauso verachten.
Ripley: Ich weiß.
Meredith: Ich hab' das noch keinem Menschen gestanden.

American-Express-Agentur, Rom. Innen. Tag.

Ripley unterschreibt die Quittung für Dickies Wechsel. Meredith zeichnet ebenfalls ihren Kontrollabschnitt ab. Daß er in ihrer Begleitung erschienen ist, macht ihn über jeden Zweifel erhaben. Sie geht vor ihm an die Kasse. Meredith nimmt ihr Geld in Empfang, dreht sich nach ihm um.

Er reicht seine Papiere über den Schalter. Der Angestellte vergleicht Ripleys Unterschrift mit der im Paß und blickt dann zu ihm auf. Ripley ist die Ruhe selbst.
Ripley: Bitte nicht zu viele große Scheine. Die bekommt man nirgends gewechselt.

Ripleys Suite im Grand Hotel. Innen. An einem anderen Tag.

Ripley bei der Anprobe für ein Kaschmirjackett. Der Schneider ist eben fertig geworden. Überall liegen Stoffballen herum, und Meredith spielt den Schiedsrichter, während der Schneider Ripley die verschiedenen Tuche anhält.
Meredith: Zeigen Sie mir noch mal das andere. (Der Schneider kommt ihrem Wunsch geflissentlich nach.) Sie gefallen mir alle beide.
Ripley: Dann nehme ich auch alle beide.
Ripley zieht sich zum Ankleiden ins Schlafzimmer zurück. Während dessen bringt Meredith den Schneider zur Tür. Als sie wieder hereinkommt, bemerkt sie den offenen Saxophonkasten und lugt hinein.
Meredith (aus dem Off): Ich weiß, Sie sind ein Jazzfan, aber muß Ihnen die Oper deshalb absolut zuwider sein? Wissen Sie, ich hab' Karten für morgen, ich hab' versucht, sie zurückzugeben, aber falls Sie sich verleiten ließen...
Sie blickt auf und sieht ihn mit bloßem Oberkörper vor sich stehen. Sie ist berauscht von ihm, von der Romanze, die sich anzubahnen scheint.
Ripley (nähertretend): Von dir lasse ich mich jederzeit verleiten.

Das Opernhaus, Rom. Innen. Abend.

Auf der Bühne spielt der zweite Akt von *Eugen Onegin*. Lenski singt seine große Arie vor dem Duell mit Onegin. Ripley im Smoking, in einer Loge mit einer bezaubernden Meredith sowie deren Onkel und Tante. Er weiß, was als nächstes geschieht: Onegins Kugel tötet Lenski. Blut tropft von seinem Hals in den Schnee. Onegin, entsetzt über den Tod des Freundes, stürzt herzu, hüllt Lenski in seinen Mantel, man sieht das Seidenfutter aufblitzen. Onegin kniet mit dem Leichnam im Arm... Ripley kann seine Gemütsbewegung kaum verbergen... Hingerissen beobachtet Meredith ihren zartfühlenden neuen Freund.

Gang vor den Logen im Opernhaus, Rom. Innen.

In der Pause verlassen Ripley, Meredith, Onkel und Tante ihre Loge. Der Onkel eilt zielstrebig zum Getränkebüffet.
> *Ripley:* Ich bin Ihnen ja so dankbar, daß Sie mich heute abend eingeladen haben.
> *Joan:* Halten Sie's denn wirklich aus? Wir haben gehört, daß Sie ein Freund von Freddie sind, und der hat sich doch sein Bekenntnis *Opernhasser* auf die Brust tätowieren lassen.
> *Ripley:* Dabei wäre auf Freddies Brust Platz für ein ganzes Libretto.
> *Joan* (lacht): Wir sind uns bestimmt schon begegnet.

Sie treten an das Konsoltischchen, auf dem Onkel Ted ihre Drinks abgestellt hat.
> *Joan:* Bestimmt sind wir uns schon begegnet, meinst du nicht auch, Ted? Das ist der Junge von Herbert Greenleaf.
> *Ripley:* Danke. Ja, ich glaube, Sie haben recht.

Joan: Ihr jungen Leute – eben wart ihr noch Kinder, und ehe man sich's versieht, laßt ihr euch tätowieren.

Opernhaus, Foyer. Innen. Zu vorgerückter Stunde.

Ripley schlängelt sich auf der Suche nach der Herrentoilette durch das dicht gedrängte Schickeria-Publikum und prallt unversehens mit einem kultivierten jungen Engländer zusammen. Man entschuldigt sich höflich, und plötzlich steht Marge neben ihnen.
Marge (als hätte sie ein Gespenst gesehen): O mein Gott! Tom.
Ripley: Marge, wie geht es dir? Was machst du in Rom?
Marge: Ist er hier? Bist du mit Dickie gekommen?
Ripley: Nein. (Zu dem Engländer:) Hallo, ich bin Tom Ripley.
Der Engländer: Peter Smith-Kingsley. Ich hab' schon viel von Ihnen gehört – sowohl von Marge als auch von Dickie.
Marge (erkennt, was sie befremdet hat): Du trägst ja keine Brille.
Ripley fischt seine Brille aus der Tasche.
Ripley (zu Peter): Dito.
Peter: Wo halten Sie ihn versteckt? Ist er nicht ein unmöglicher Mensch?
Marge: Ist er wirklich nicht hier?
Ripley: Aber Marge, du kennst doch Dickies Brusttattoo: *Ich hasse die Oper.*
Marge: Wolltest du nicht nach Venedig?
Peter: Ja, was ist passiert? Ich hörte, Sie wären ganz versessen auf Venedig. Und ich hatte mich schon darauf gefreut, Sie in einer Gondel herumzufahren.

Ripley: Stimmt, ich möchte wahnsinnig gern hin. Und ich bin auch ganz schön herumgekommen in der letzten Zeit. Bloß soweit nach Norden rauf hab' ich's irgendwie noch nicht geschafft.

Peter: Na dann beeilen Sie sich, bevor wir untergehen. (Langt in seine Jackentasche.) Darf ich Ihnen meine Telefonnummer in Venedig geben?

Ripley: Sehr freundlich, danke.

Das Klingelzeichen zum Ende der Pause ertönt. Peter gibt Ripley seine Karte. Im selben Moment sieht er Meredith.

Peter: Guck mal, da ist Meredith Dings... wie heißen die noch gleich, Marge? Textilbranche... Meredith... (Verlegen, weil ihm der Name nicht einfällt:) Gott, wie peinlich, dabei habe ich Weihnachten in ihrem Haus verbracht!

Marge: Ich kenn' sie nicht. (Zu Ripley:) Er hat nicht angerufen, nicht geschrieben, nur diesen einen kryptischen Brief. Man kann einen Menschen doch nicht einfach so fallenlassen.

Das letzte Klingelzeichen. Es kommt zu kleinen Staus, während das Publikum von allen Seiten zurück in den Zuschauerraum strömt.

Peter: Sehen wir Sie nachher noch?

Ripley: Da bin ich leider schon vergeben.

Peter: Und morgen?

Ripley: Morgen geht's. Kennen Sie das Dinelli? An der Piazza di Spagna?

Peter: Ich kenne die Piazza di Spagna. Um wieviel Uhr?

Ripley: Halb elf?

Peter: Wir kommen.

Ripley: Also dann, Marge, bis morgen. (Zu Peter:) War mir wirklich ein Vergnügen.

Loge im Opernhaus. Innen. Gleich anschließend.

Ripley geht entschlossen auf Meredith zu und nimmt sie beim Arm.
Ripley: Laß uns gehen, ja?
Meredith: Ich dachte, es gefällt dir?
Ripley: Wir nehmen uns eine *carrozza* und machen eine Mondscheinpartie.
Meredith: Du bist verrückt! Draußen ist es doch eiskalt.
Er schaut an ihr vorbei in einen Spiegel, in dem man sieht, wie Marge sich durchs Publikum schlängelt. Peters eleganter Kopf rückt in gefährliche Nähe, während die beiden ihren Plätzen zustreben.
Ripley: Ach bitte, ich muß mit dir reden. Aber allein.
Meredith (ganz betört): Also gut, aber verrückt bist du trotzdem.

Carrozza, Rom. Außen. Nacht.

Meredith fröstelt in der rauhen Nachtluft, als sie den Tiber überqueren. Ripley als Dickie gesteht ihr, daß sein Herz Marge gehört.
Meredith: Mach dir keine Gedanken. Wirklich, mach dir um mich keine Sorgen.
Ripley: Es ist riesig nett von dir, daß du so verständnisvoll bist. Ach, mir ist, als ob Marge zwischen uns säße – ich schaue dich an und sehe ihr Gesicht – und ich kann nicht... was immer ich auch für dich empfinde, ich kann einfach nicht...
Meredith: Aber das verstehe ich doch, ehrlich.
Ripley: Andernfalls würdest du mich abwimmeln?
Meredith: Zum Teufel jagen würde ich dich.

Meredith' Wohnung, Rom. Außen.

Sie halten auf dem Platz vor Meredith' Haus. Ripley springt aus der Kutsche, hilft ihr beim Aussteigen. Sie ist schon im Begriff hineinzugehen, dreht sich aber noch einmal nach ihm um.

Meredith: Würdest du dich morgen nochmal mit mir treffen? Nur damit wir uns richtig verabschieden können, bei Tageslicht? Dann wäre es nicht bloß so ein... das ist zu... Trauriges sollte man sich immer für den hellen Tag aufheben...
Ripley: O Meredith, es tut mir so leid. Natürlich können wir uns treffen. Was hältst du von einem Kaffee bei Dinelli?
Meredith (unruhig): Ich weiß nicht – ist das an der Spanischen Treppe?
Ripley: Genau. Morgen früh halb elf. (Korrigiert sich sofort:) Nein, sagen wir Viertel nach zehn.

Er steigt wieder in die *carrozza*. Der Wagen fährt davon.

Das Caffè Dinelli, Piazza di Spagna. Außen. Vormittag.

Meredith sitzt wartend in einem Straßencafé am Fuß der Spanischen Treppe. Ripley, als Ripley gekleidet, steht oben an der Treppe und sieht zu, wie sie an einem Tisch im Freien ihren Kaffee trinkt. Dann kommen Peter und Marge die Via Condotti herauf, setzen sich ihrerseits an einen Tisch vor dem Café, jedoch ohne von Meredith Notiz zu nehmen. Sie aber hat Peter erkannt und grüßt hinüber.

Meredith: Peter? Hallo, ich bin's, Meredith Logue.
Peter: Aber natürlich! Meredith, hallo, tut mir leid, ich bin wohl noch nicht ganz wach. Wie geht es Ihnen?

Darf ich bekannt machen: Marge Sherwood – Meredith Logue.
Marge: Hallo.
Kaum daß sie Marges Namen gehört hat, erstarrt Meredith.
Peter: Wollen Sie sich nicht zu uns setzen? Wir sind hier mit einem Freund verabredet. Ach, übrigens, kann es sein, daß wir Sie gestern abend in der Oper gesehen haben?
Meredith: Nein, lieber nicht, auch wenn das hier womöglich eine... Warten Sie auf Dickie?
Peter: Nein, nicht auf Dickie, obwohl...
Marge (verblüfft, daß Meredith seinen Namen kennt): Dickie? Heißt das, Sie kennen Dickie?
Meredith: Sie waren in der Oper? Nun, das erklärt... ja, ich war auch da. Mit Dickie.
Marge (zu Peter): Hab' ich's dir nicht gesagt? Ich wußte es!
Meredith (kommt nun doch an ihren Tisch): Marge, wir kennen uns nicht, also habe ich eigentlich kein Recht – aber Dickie liebt Sie. Er... ich glaube, Sie können sicher sein, daß er zu Ihnen zurückkommt.
Marge (eifersüchtig): Woher wollen Sie das wissen?
Meredith: Er hat mir alles erzählt. Ich war vor einer Viertelstunde hier mit ihm verabredet. Aber ich denke, ich werde jetzt gehen. Ich habe wohl vergeblich gewartet – es sei denn, er hatte es darauf angelegt, daß wir uns in die Arme laufen – was ziemlich grausam wäre, oder?
Peter: Aber nein, wir sind mit einem anderen Freund verabredet. Mit Tom Ripley.
Marge: Kennen Sie Tom etwa auch?
Meredith: Ripley? Nein, ich habe natürlich von ihm gehört, aber begegnet bin ich ihm noch nicht, nein.

Der Kellner kommt, um die Bestellung aufzunehmen. Meredith gibt ihm zu verstehen, daß sie nicht bleiben will.

Meredith: Für mich nichts. *No, grazie.*

Marge ist furchtbar aufgeregt. Peter legt ihr beschwichtigend die Hand auf den Arm.

Meredith: Hoffentlich habe ich jetzt nicht noch mehr Verwirrung gestiftet. Aber es ist absolut nichts vorgefallen, glauben Sie mir. Nichts, was Sie daran hindern könnte, ihn wieder aufzunehmen, zu heiraten. Auf Wiedersehen. Adieu, Peter, nein, bitte, bleiben Sie sitzen.

Peter steht auf. Ripley auf seinem Aussichtsposten oben an der Treppe sieht Meredith fortgehen und in der Menge verschwinden. Dann steigt er gemächlich die Stufen zum Platz hinunter. Sobald man ihn vom Café aus sehen kann, fällt er in Trab. Gleich bei der Begrüßung entschuldigt er sich überschwenglich bei Marge und Peter, ist ganz in seinem Element, fabriziert Lügen und hält sie selber für wahr.

Ripley: Es tut mir wahnsinnig leid. Ich mußte meine Aufenthaltsgenehmigung erneuern lassen. Ach, die italienischen Behörden – geben sich nie mit einem Stempel zufrieden, wenn sie einen für drei anstehen lassen können. Wartet ihr schon lange?

Peter: Nein, gar nicht. Morgen, Tom.

Ripley: Hi. (Zu Marge:) Entschuldigung. Alles in Ordnung mit dir? Du machst ein Gesicht, als ob du ein Gespenst gesehen hättest...

Marge: Dickie war gestern doch in der Oper.

Ripley: Das glaube ich nicht. Keine zehn Pferde würden Dickie in die...

Marge: Er war in Begleitung. Wahrscheinlich war ihr Einfluß stärker als – nein, das ist unfair. Ich fahre zurück nach Mongi. Ich glaube, Dickie wird wieder nach Hause kommen. (Zu Peter:) Ja, ich werde heimfahren.

Ripley: Wirklich? Das ist ja großartig. Nein, ich meinte nur – ich kann dir noch gar nicht richtig folgen. Aber es freut mich für dich.
Peter: Wir glauben, daß er einen Sinneswandel durchgemacht hat. (Zu Marge:) Das ist doch ein Grund zum Feiern.
Marge: Hoffen wir's.
Peter (zu Marge): Das war jedenfalls rührend, nicht? Als Meredith sagte ... (Zu Ripley:) Meredith ist die Amerikanerin, die ich gestern abend in der Oper gesehen habe, sie war anscheinend öfter mit Dickie zusammen...
Ripley: Mein Gott!
Peter: Aber Dickie – das wissen wir jetzt – Dickie liebt Marge, und er hat Sehnsucht nach ihr, und wie es scheint, ist er endlich zur Vernunft gekommen...
Ripley: Das ist ja großartig. (Zu Peter:) Ich habe ein schlechtes Gewissen. Marge versteht das nicht, aber immer, wenn Dickie etwas anstellt, fühle ich mich schuldig.

Appartement im Palazzo Gioia. Innen. Tag.

Signora Buffi, eine ältere Frau mit trockenem Humor, zeigt Ripley ein Appartement im Palazzo Gioia, das zu vermieten ist. Ripley erkundet die Räume, begeistert sich für die Ausstattung.
Signora Buffi: Accendo il riscaldamento. (Ich werde die Heizung anstellen.)
Ripley (spielt pantomimisch Saxophon): *Mi piace suonare.* (Ich musiziere gern.)
Signora Buffi (achselzuckend): *Io sono sorda. Quelli di sotto, una coppia, sono sordi. Allora, ti piace?* (Ich bin

taub. Das Ehepaar unten ist taub. Also, gefällt dir die Wohnung?)

Ripleys Appartement. Innen. Nachmittag.

Der Kamin brennt, Ripley kniet im Schlafanzug auf dem Boden vor einem kleinen Weihnachtsbaum mit ein paar festlich verpackten Geschenken drum herum. Er wickelt eines aus. Zum Vorschein kommt der Marmorkopf Kaiser Hadrians. Ripley schnappt hörbar nach Luft. Er greift nach einem Glas, gießt sich einen Drink ein.

Ripleys Appartement. Innen. Gegen Abend.

Ripley sitzt an seiner kostbarsten Neuerwerbung, einem Steinway-Flügel, und spielt mit Verve Bachs Italienisches Konzert. Da klingelt es an der Tür. Ripley unterbricht sein Spiel, erhebt sich nervös. Er bekommt nie Besuch.
Ripley: Hallo?
Freddie (aus dem Off): Dickie?
Ripley: Wer ist da?
Freddie (aus dem Off): Ich bin's, Freddie. Laß mich 'rein.
Ripley fällt beinahe in Ohnmacht. Ihm wird schwindlig.
Freddie (aus dem Off): Komm schon, Dickie, ich bin's.
Ripley ist völlig ratlos, weiß nicht, was er wo verstecken soll. Er öffnet die Tür.
Ripley: Hallo Freddie! Ich bin's, Tom, Tom Ripley.
Freddie (nicht gerade angenehm überrascht): Oh, hallo, wo ist Dickie? Wie geht's dir?
Ripley: Ganz gut, danke. Dickie ist schon zum Essen gegangen. Ins Otello. Kennst du das?

Freddie: Ich kann mir nicht vorstellen, daß er um halb sieben zum Abendessen geht. Wenn du gesagt hättest, er wär' noch beim Lunch, dann würde ich dir glauben. Unfaßbar! Der Kerl ist wie vom Erdboden verschluckt.
Ripley: Wenn du's sagst.
Freddie: Die Vermieterin – soviel ich verstanden habe, sagte die Vermieterin, er sei zu Hause.
Ripley: Er ist zum Essen gegangen! Durchsuch die Wohnung. Ich kann mir nicht denken, wie du auf die Idee kommst, daß Dickie sich vor dir versteckt.
Freddie: Weil er genau das tut – oder was war mit Weihnachten?
Ripley: Was ist mit Weihnachten?
Freddie: Wir waren zum Skifahren verabredet. Aber er ist nicht gekommen. Und ich hab' kein Telegramm gekriegt, keinen Anruf, keine Zeile, nicht mal 'n Furz, um genau zu sein.

Ripley hat die Hände hinter dem Rücken versteckt. Er zerrt fieberhaft an Dickies Ringen, vergeblich. Er geht in die Küche und hält die Hand unter den Wasserhahn, um seine Finger gleitfähiger zu machen.

Ripley (aus dem Off): Er hat sich eben mal wieder ganz in seine Musik vergraben. Ich glaube, er vertritt die Theorie, daß man sich erst verpuppen muß, bevor man ein Schmetterling werden kann.
Freddie: Blödsinn! Hast du ihn schon mal auf dem Ding spielen hören? (Deutet auf das Saxophon in seinem Gestell.) Er ist 'ne Niete.
Ripley (aus dem Off, beiläufig): Wie hast du ihn gefunden? Es ist so eine abgelegene Adresse. Ach, übrigens, kann ich dir einen Drink anbieten?
Freddie: Nein, danke. (Seine Detektivarbeit erläuternd:) So'n Knabe in der American-Express-Agentur hat's mir

gesteckt. (Beginnt sich in der Wohnung umzuschauen.) Wohnst du auch hier?

Er macht sich über das Klavier her und hämmert einen ordinären Boogie-Woogie in die Tasten.

Ripley (kommt wieder herein, zuckt zusammen): Nein, nein, ich bin nur ein paar Tage zu Besuch, solange ich in Rom bin. Der Flügel ist ganz neu, also solltest du viel-...

Freddie: ‚Hat er die Wohnung möbliert gemietet? Paßt überhaupt nicht zu Dickie. Scheußlich, oder? So was von spießig.

Jetzt pocht er an der Hadriansbüste herum.

Ripley: Sei damit lieber vorsichtig!

Freddie: Das einzige, was hier nach Dickie aussieht, bist du.

Ripley: Kaum.

Freddie: Hast du irgendwas mit deinen Haaren gemacht?

Ripley fängt an zu lächeln, seine Blicke schießen blitzschnell durchs Zimmer.

Ripley: Freddie, hast du mir etwas zu sagen?

Freddie: Wie? Ach so, ich denke, ich bin längst dabei. Irgendwas geht hier vor. Entweder, er hat sich zum Christentum bekehrt – oder zu sonst was Abstrusem.

Ripley: Ich schlage vor, du fragst das Dickie selber. Das Otello ist in der Via delle Croce, gleich beim Corso.

Freddie: So, »in der Via delle Croce, gleich beim Corso«? Du lernst aber verdammt schnell, wie? Letztens konntest du deine eigenen vier Backen noch nicht auseinanderhalten, und heute sagst du mir, wo's langgeht. Nein, das war unfair, wahrscheinlich kennst du dich mit deinen vier Backen ganz gut aus. Also dann, bis zum nächsten Mal.

Und weg ist er. Ripley schließt die Tür, streicht den seidenen Tischläufer glatt, den Freddie verschoben hat. Dann geht er wieder zur Tür, öffnet sie und späht übers Treppengeländer hinunter.

Flur und Treppenhaus im Palazzo Gioia. Innen. Gegen Abend.

Freddie unterhält sich mit Signora Buffi. Ripley kann kaum etwas verstehen, nur soviel, daß es um Signor Greenleaf und Signor Ripley geht. Ripley eilt zurück in die Wohnung, als er Freddies schwere Schuhe abermals die Treppe heraufpoltern hört.

Ripleys Appartement. Rom. Innen. Gegen Abend.

Freddie klopft an die Tür, die unter seiner Hand nachgibt. Schon auf der Schwelle beginnt er mit seinem Kreuzverhör.
    Freddie: Ripley? Da ist irgendwo –
Und läuft geradewegs gegen den Hadrianskopf, mit dem Ripley nach ihm ausholt, die schwere Marmorbüste ungeschickt mit beiden Händen umklammernd.
Freddie stürzt um wie ein gefällter Ochse, geht erst stöhnend in die Knie und dann, als Ripley die Büste ein zweites Mal auf ihn niedersausen läßt, der Länge nach zu Boden. Als Freddie unter ihm wegsackt, verliert auch Ripley das Gleichgewicht, und die Büste streift Freddie diesmal nur, bevor sie Ripleys Händen entgleitet und zu Boden poltert. Dabei splittert die Nase ab.

Palazzo Gioia. Außen. Nacht.

Der Platz vor dem Haus ist menschenleer. Ripley zerrt Freddie aus dem Schatten des Palazzos zum Auto hinüber. Da überquert ein Pärchen den Platz. Ripley macht Freddie Vorhaltungen, weil der sich so sinnlos betrunken habe. Gleichzeitig bugsiert er ihn zur Wagentür und verfrachtet ihn auf dem Beifahrersitz.
Ripley (Freddies Stimme imitierend): Was denn, ich und betrunken, he, was wird erst ihr Mann dazu sagen!

Via Appia antica. Außen. Nacht.

Freddies Fiat tastet sich die Via Appia entlang. Schwarze, zerfallene Grabmäler markieren rechts und links den Verlauf der schlechtbeleuchteten Straße. Ripley drinnen im Wagen hält Ausschau nach einem geeigneten Platz, an dem er die Leiche loswerden kann. Kurz vor einer Baumgruppe bremst er ab.

Ripleys Appartement in Rom. Innen. Abend.

Jemand klopft heftig an die Tür. Ripley öffnet und sieht sich Signora Buffi und zwei Polizisten gegenüber. Einer von ihnen streckt die Hand aus.
Roverini: Dickie Greenleaf?
Ripley: Ja, bitte?
Roverini: Kommissar Roverini. Dürfen wir hereinkommen?

Ripleys Appartement. Innen. Abend.

Ripley sitzt am Tisch, den Kopf in die Hände vergraben. Roverini und sein Assistent, Baggio, warten geduldig.
    Roverini: Ein schlimmer Schock für Sie, was? Wann ist Signor Miles gestern gegangen?
    Ripley: Ganz genau weiß ich es nicht mehr – um acht? neun? Wir hatten beide viel zuviel getrunken – aber es war schon dunkel, es war mit Sicherheit schon dunkel, als ich ihn nach unten gebracht habe, zu seinem Wagen.
    Roverini: Signor Miles fuhr also weg, und was machten Sie?
    Ripley: Ich bin zu Bett gegangen. Freddie ist groß und kräftig, der verträgt was, aber ich, ich kippe schon nach ein paar Gläsern um. Es ging mir überhaupt nicht gut heute. Wer hat ihn gefunden?
Roverini ist zur Büste des Hadrian hinübergegangen.
    Roverini: Senta! Wir müssen Sie bitten, Rom nicht zu verlassen.
    Ripley: Ja, sicher, wenn es Ihnen weiterhilft, sicher.
    Roverini: Erst mal muß der Doktor die – (er sieht Baggio an) – *come si dice?*
    Ripley: Die Autopsie?
    Roverini: Ja, genau, aber seine erste, seine vorläufige Diagnose am Tatort lautete, daß Signor Miles spätestens um sieben Uhr gestern abend getötet wurde.
    Ripley: Also er war bestimmt nicht tot, als er mit dem Auto losfuhr.
    Roverini: Nein.

Enge Gasse, Ghetto, Rom. Außen. Morgen.

Ripley kurvt auf dem Motorroller durch eine dunkle Einfahrt im Ghetto. Er fährt an einem Möbelladen vorüber, vor dem Frisierkommoden und Spiegel bis zum Straßenrand hin aufgebaut sind. Aus dem Augenwinkel erhascht er einen Blick auf sein Spiegelbild, das ihn vielfach gebrochen, wie in einem Kaleidoskop, anspringt. Und plötzlich fühlt er sich beobachtet, bildet sich ein, er habe Dickie gesehen! Ripley schreit auf, kommt ins Schleudern und stürzt über den Bordstein, so daß der Roller auf ihn fällt und ihn ein Stück über das Pflaster mitschleift. Der Mann, den er für Dickie gehalten hat, ein Italiener, eilt besorgt herbei.

American-Express-Agentur, Piazza di Spagna. Außen. Tag.

Ripley kommt aus der American-Express-Agentur. Auf der anderen Straßenseite vor dem Café sitzt, wie schon einmal, Marge. Ripley steckt Dickies Aktenmappe in seinen Rucksack, als er zu seinem Roller geht. Marge erkennt ihn und kommt in großen Schritten über die Piazza. Sie ist sehr ernst und kommt sofort zur Sache.
 Marge: Hat er Freddie umgebracht?
 Ripley: Marge, wann bist du denn angekommen?
 Marge: Sag die Wahrheit. Hat *er* ihn umgebracht?
 Ripley: Ich könnte schwören, er war's nicht. Natürlich war er es nicht.
 Marge: Ich habe es noch einmal probiert, hier gewartet und nach ihm Ausschau gehalten. Stattdessen kommst du. Immer, wenn ich nach Dickie suche, finde ich dich. (Ripleys Schnittwunden und blaue Flecken fallen ihr auf.) Was ist denn mit deinem Gesicht passiert?

Ripley: Das war Dickie.
Marge (plötzlich angespannt): Dickie?
Ripley: Mit meinem Gesicht! Es gab Streit. Ich habe etwas gesagt, was ich besser gelassen hätte. Über dich. Wie schlimm er dich behandelt, uns alle. Und urplötzlich hat er sich auf mich gestürzt. (Er klappt den Ständer des Motorrollers hoch.) Kommst du mit?
Marge: Was?
Ripley: Komm mit. Ich bringe dich zu ihm.

Platz vor dem Palazzo Gioia. Außen. Tag.

Ripley und Marge kommen auf dem Roller um die Ecke. Der Eingang zum Palazzo ist von Polizeifahrzeugen blockiert. Soeben steigt Comissario Roverini aus. Ripley erschrickt und fährt schnurstracks am Eingang vorüber.

Straße am Tiber. Außen. Tag.

Ripley hält ein paar hundert Meter weiter an, auf einer anderen Piazza voller Bücherstände. Marge ist verwirrt.
Marge: Wo wohnt denn nun Dickie?
Ripley: Wir sind daran vorbeigekommen, ein paar Straßen weiter, wo die Polizei stand. Im Palazzo Gioia. Sie haben keine Ahnung, daß ich in Rom bin, und ich will Dickie nicht belasten –
Marge: Dann sollte ich vielleicht auch nicht hingehen.
Ripley (der gerade angestrengt nachdenkt, zerstreut): Nein, nein, geh nur hin, wenn du willst, aber sag der Polizei nichts von meinem Gesicht – sonst wissen sie sofort, daß er's war – er ist aufbrausend – er könnte

auch Freddie geschlagen haben. (Aufrichtig:) Viel Glück, Marge. Wir sehen uns später.

Und er fährt ab. Bei der nächsten Gelegenheit wendet er und braust zum Palazzo zurück.

Platz vor dem Palazzo Gioia. Außen. Nachmittag.

Ripley fährt auf den Eingang zu. Als er absteigt und den Roller durch den Torbogen schiebt, stürzen einige Reporter auf ihn zu, die sich in einem Friseursalon die Zeit vertrieben haben, und bestürmen ihn mit Fragen über Freddie. Einem von ihnen gelingt es, ein Foto zu machen. Es ist das reine Chaos; ein Polizist treibt die Journalisten lautstark zurück, während Ripley die Hand schützend vor das Gesicht hält und ins Haus rennt.

Eingang und Treppenhaus, Palazzo Gioia. Innen. Gleich anschließend.

Als Ripley hineinstürmt, stößt er im Treppenhaus fast mit den Beamten von der Spurensicherung zusammen. Auf dem Treppenabsatz steht Roverini. Ripley eilt auf ihn zu.
Ripley: Können wir hinaufgehen? Bitte.
Roverini: Sicher. Was ist mit Ihrem Gesicht passiert?
Ripley: Mein Motorroller. Ich bin gestürzt. Ich wurde von Fotografen verfolgt.
Er eilt die Treppe hinauf, Roverini immer hinterher.
Ripley (erregt): Das Telefon, die Presse, ich werde gejagt, ich fühle mich gejagt – könnten Sie vielleicht meine Adresse unter Verschluß halten?
Roverini: Unbedingt. Wir haben schon viele Anfragen

gehabt, und natürlich sagen wir immer nein – sogar zu Ihrer Verlobten.
Ripley: Ich will auch wirklich niemanden sehen.
Roverini: Auch Ihre Verlobte nicht...?
Ripley: Auch sie nicht.
Roverini: Und Thomas Ripley?
Ripley: Was ist mit Ripley?

Ripley hat einen ziemlichen Vorsprung und ist an seiner Wohnungstür angekommen. Er wartet nervös auf Roverini. Er schließt die Tür auf und kann es kaum erwarten, daß Roverini ihn einholt.

Ripleys Appartement. Innen. Nachmittag.

Roverini folgt Ripley in die Wohnung, Baggio drängt sich noch schnell hinter ihm hinein.
Roverini: Sie und Signor Ripley sind nach San Remo gefahren, stimmt das?

Ripley ist entsetzt. Er lächelt.
Ripley: Ja, stimmt, wir sind wirklich in San Remo gewesen. Das ist Monate her.
Roverini: Im November, soviel ich weiß.
Ripley: Tatsächlich? Haben Sie mit Tom gesprochen?
Roverini: Meinen Informationen zufolge am 7. November.
Ripley: An das genaue Datum kann ich mich nicht erinnern.
Roverini: Und wann haben Sie Signor Ripley zuletzt gesehen?
Ripley: Vor ein paar Tagen.
Roverini: Wohnt er hier bei Ihnen?
Ripley: Nein!

Roverini: Nein. Das hat doch System. Vor zwei Tagen stirbt Freddie Miles – er verläßt Ihre Wohnung und wird ermordet. Gestern wird in San Remo ein kleines Boot gefunden, mit Steinen beschwert, und der Besitzer gibt bei der Polizei an, daß es ihm am 7. November gestohlen wurde. Wir gucken uns die Meldebücher an, und wir sehen *aha, Dickie Greenleaf hält sich in San Remo auf,* und dann erinnert sich der Bootsvermieter, daß zwei Amerikaner ein Boot gemietet haben.

Ripley: Das hat kein System, das ist Zufall. Es gibt bestimmt fünfzig Hotels in San Remo, und es gibt bestimmt hundert Leute, die an diesem Tag ein Boot gemietet haben.

Roverini: Einunddreißig Leute.

Ripley: Einunddreißig.

Baggio taucht auf und spricht mit Roverini. Ripley dreht fast durch.

Roverini: Miss Sherwood ist unten. Marge Sherwood.

Ripley (entsetzt, völlig am Boden): Lassen Sie sie rein, was macht das jetzt noch –! Lassen Sie sie rein! (Baggio geht zur Tür.) Nein, lieber doch nicht, es wäre mir äußerst lieb, wenn Sie sie bitten könnten, später wiederzukommen.

Roverini nickt, flüstert mit Baggio, der hinausgeht.

Ripley: Danke.

Roverini (beobachtet ihn): Wenn ich fragen darf ... Warum reden Sie mit Ihrem Freund, aber nicht mit Ihrer Verlobten?

Ripley: Ich glaube, ich habe es Ihnen schon gesagt. Ripley hat ein paar geschäftliche Dinge für mich erledigt, und außerdem will Mr. Ripley mich nicht heiraten. Und außerdem fragt er mich nicht täglich, ob ich ihn heiraten will. Und wann.

Roverini: Haben Sie ein Foto von Signor Ripley?
Ripley: Ich pflege keine Fotos von Männerbekanntschaften mit mir herumzutragen.
Roverini: Jetzt habe ich Sie wohl verärgert. Mein Englisch ist einfach zu plump.
Ripley: Es ist tatsächlich ein wenig plump.
Roverini: Tut mir leid. Niemand hat Signor Ripley gesehen seit San –
Ripley: Ich habe ihn gesehen!
Roverini: Sie haben ihn gesehen, ja.
Ripley: Nein, ich habe ihn gesehen, und Miss Sherwood ebenfalls, fragen Sie sie! Wenn ich mich nur erinnern könnte, in welchem Hotel er abgestiegen ist – *das Goldoni!* – Tom ist im Goldoni abgestiegen.
Roverini: Gut. Das Goldoni. Ja – Sie haben recht. Es ist Zufall. (Er steht auf, wendet sich zum Gehen.) Ich freue mich auf unsere nächste Begegnung. Dann werde ich sorgfältiger mit meinem Englisch umgehen und Sie überreden, mir etwas auf Ihrem Saxophon vorzuspielen. Ein *alto*.
Ripley: Genau.
Roverini (der sich plötzlich noch einmal umdreht): Ich habe eine Zeugin, die glaubt, sie habe zwei Männer in Mr. Miles' Auto einsteigen sehen. Wir haben eine – *confronto* – eine Gegenüberstellung anberaumt. (Unheilvoll:) Bis morgen dann also?
Ripley: Bis morgen.

Ripley bringt beide zur Tür, seufzt tief auf, lugt dann durch die Tür und schaut nach unten, wo Roverini auf der Treppe mit Marge spricht.

Roverini (aus dem Off): *Buongiorno,* Miss Sherwood. Er ist da, aber er will anscheinend wirklich mit niemandem sprechen.

Ripley lehnt sich gegen die Tür. Die Schlinge zieht sich zusammen. Da läßt ihn eine Stimme zusammenzucken.
Marge: Dick? Dickie? Ich weiß, daß du mich hören kannst. Warum laufe ich dir bloß überallhin nach...? Eigentlich wollte ich sagen, ich zähle bis drei, und wenn du dann nicht aufmachst... Ich will aber nicht mehr zählen. Nicht auf dich. Auf dich ist kein Verlaß. Und egal, was du nun getan hast oder auch nicht getan hast, jedenfalls hast du mir das Herz gebrochen. Das zumindest hast du wirklich auf dem Gewissen, und ich weiß nicht, warum, ich weiß nicht, warum, ich weiß einfach nicht, warum...
Ripley lauscht, es entsteht eine Stille, dann hallen Marges Schritte auf den Steinstufen wider. Der Klang der Schritte geht in das Tippgeräusch einer mechanischen Schreibmaschine über.

Ripleys Appartement im Palazzo Gioia. Innen. Nacht.

Ripley sitzt an der Schreibmaschine, er beginnt zu schreiben.
Stimme Ripleys (aus dem Off): *Mein lieber Tom, ich mache das nicht mehr mit. Freddies Tod, Silvana. Ich habe schon daran gedacht, zur Polizei zu gehen, aber ich bringe es nicht fertig, ich schaffe es nicht. Ich schaffe überhaupt nichts mehr.*

Ripleys Appartement im Palazzo Gioia. Innen. Nacht.

Chaos. Ripley in Eile beim Sortieren von Kleidung, die er auf zwei Stapel wirft – einen für Dickies Schrankkoffer, einen für den eigenen schäbigen Koffer. Er legt die Nummernschilder von Freddies Wagen zu Dickies Gepäck. Ein Hemd, das er bereits auf den Ripley-Stapel geworfen hat, sieht er sich noch einmal genauer an; er entdeckt Dickies Initialen daran und legt es auf den größeren Stapel, nimmt es dann aber noch einmal auf und drückt es kurz an die Wange.

Er nimmt Dickies Ringe, öffnet eine kleine Schachtel, die Knöpfe, Nadeln und Manschettenknöpfe enthält, und wirft die Ringe traurig hinein. Dickies lederne Schreibmappe wandert ebenfalls auf den großen Stapel, ebenso Manschettenknöpfe, Krawatten, der Mont-Blanc-Füller, Dickies Reisepaß, den er öffnet, um das Foto bis zur Unkenntlichkeit zu zerkratzen.

Stimme Ripleys (aus dem Off): *...Ich wünschte, ich könnte Dich das Leben weiterführen lassen, das für mich eine Selbstverständlichkeit war. Du hast mich immer von Grund auf verstanden, Tom. Marge konnte das nie. Ich vermute, das ist auch der Grund, warum ich an Dich schreibe, an den Bruder, den ich niemals hatte. An den einzigen wahren Freund, den ich jemals hatte. In vielerlei Hinsicht bist Du viel eher der Sohn, den mein Vater sich immer gewünscht hat. Ich weiß jetzt, daß man Menschen austauschen kann und Orte, aber niemals das eigene lausige Ich. Was ich tun soll oder wohin ich gehen soll, das weiß ich nicht mehr. Was ich getan habe und was ich nicht mehr ungeschehen machen kann, verfolgt mich im Schlaf. Ich kann nicht mehr, so leid es mir tut. Mein Leben als Dickie Greenleaf habe ich wohl ziemlich versaut.*

Der Brief ist fertig. Er unterschreibt, steckt ihn in einen Umschlag mit der Aufschrift »Tom Ripley« und legt ihn auf den Flügel neben Dickies Reisepaß. Sein Kopf spiegelt sich verzerrt im Lack des Deckels. Er setzt die Brille auf, und einen Augenblick lang sieht man sein Gesicht doppelt, bis er sich abwendet und sein kurzes Leben als Dickie Greenleaf hinter sich läßt.

Keller, Palazzo Gioia. Innen. Nacht.

Ripley bringt Dickies Gepäck in den Gemeinschaftskeller des Palazzo Gioia hinunter, eine erbärmliche Unterwelt voller Schatten und Düsternis, angefüllt mit dem Strandgut aus dreißig Wohnungen. Eine rote Plüschcouch thront auf einem Haufen Möbel. Ripley findet ein paar Staubplanen und schiebt erst die Koffer darunter, dann Dickies Saxophon.

Ripley sieht vor der Kellerluke uniformierte Beine und das rotierende Blaulicht eines Polizeiwagens. Er fährt erschrocken zurück, löscht die Lampe und verschwindet, vom kalten Blaulicht verfolgt, im Dunkel.

Am Palazzo Gioia. Außen. Nacht.

Ripley erscheint mit seinem schäbigen Gepäck am Eingang des Nachbargebäudes, blickt zum Polizeiwagen hinüber, der vor dem Haupttor geparkt ist, und macht sich davon in die Dunkelheit.

Am Palazzo Gioia. Außen. Nacht.

Ripleys Silhouette taucht flüchtig auf, wie er eine Gasse entlang und auf ein Tor zuhastet, hinter dem er verschwindet.

Piazzale Roma, Venedig. Außen. Morgendämmerung.

Ripley, den schäbigen Koffer neben sich, sitzt im Bug eines Wassertaxis, das auf das frühmorgendliche Venedig zuhält. An der Anlegestelle wartet Peter Smith-Kingsley. Ripley winkt. Peter winkt zurück.
Peter (deutet auf die Anlegestelle für Wassertaxis): Wir treffen uns da drüben!

Markusplatz, Venedig. Außen. Früher Morgen.

Ripley und Peter spazieren über den Platz, scheuchen Schwärme von Tauben auf. Ripley nimmt die Atmosphäre in sich auf, das milde Grau.
Ripley: Peter, es tut mir wirklich leid, daß ich dir das zumute. Aber ich traue mich einfach nicht, allein zur Polizei zu gehen, bei meinem schauderhaften Italienisch.
Peter: Sei nicht blöd. Das ist doch selbstverständlich. Wunderbar, daß du es doch noch nach Venedig geschafft hast. Und auch noch unversehrt, entgegen allen Gerüchten.
Ripley: Was für Gerüchten?
Peter: Daß Dickie dich umgebracht hätte und jetzt unter deinem Namen unterwegs sei. Lächerlich, ich weiß.

Polizeiwache in Venedig. Innen. Später am Tag.

Ripley sitzt auf einer Polizeiwache, um ihn herum hektische Betriebsamkeit. Taschendiebe und aufgebrachte Touristen werden abgefertigt. Die Wache ist in einem tristen Gebäude untergebracht, das aussieht wie eine ehemalige Brauerei oder Munitionsfabrik. Peter steht an einem Schalter und spricht, wendet sich dann um und geht zu dem wartenden Ripley hinüber.

Peter: Willkommen in Venedig. Hier stinkt's, findest du nicht? Riechst du das? Ürgg! Tut mir leid. Deinen ersten Tag hier könntest du bestimmt auf angenehmere Weise verbringen.

Ripley: Schon in Ordnung.

Peter: Jedenfalls habe ich herausgefunden, warum es so lange dauert. Endlich. Wir müssen auf jemanden aus Rom warten.

Ripley (völlig aus dem Konzept gebracht): Wie meinst du das? Sie schicken jemanden aus Rom?

Peter: Das ist gut, nicht?

Ripley (als müsse er ersticken): Ja, aber ich dachte, in Italien geht das anders, weil jede Region ganz eigenständig ist! Ich war sogar *sicher,* daß –

Peter: Du hast die Zeitungen gelesen, du weißt, wie sie die Sache hier an die große Glocke hängen. Amerikanischer Tourist ermordet –

Ripley: Es ist lächerlich, aber du hast recht mit dem Geruch, ich bekomme kaum noch Luft.

Eine Tür öffnet sich. Colonnello Verrecchia, gerade aus Rom eingetroffen, ein mürrischer Klotz von einem Mann, tritt ein und wirft einen finsteren Blick auf das Paar. Ripley wagt nicht, die Augen zu heben, aus Angst, es könnte Roverini sein. Ein Polizist stellt ihn vor.

Polizist: Colonnello Verrecchia della Polizia di Roma.

Verrecchia (zu Peter, auf Italienisch): *Chi è Ripley?* (Wer ist Ripley?)

Peter: Lui. (Er.)

Verrecchia geht bedrohlich mit großen Schritten an ihnen

vorbei und in einen kleineren Verhörraum im hinteren Teil der Wache.

Polizeiwache in Venedig, Verhörzimmer. Innen. Später am Tag.

Ein nicht sehr freundlicher Raum. Auf der einen Seite gibt es offenbar einen vergitterten Bereich mit Zellen. Durch ein Fenster in der Innenwand kann man in den Hauptraum der Wache sehen. Peter und Ripley treten ein. Verrecchia setzt sich. Verrecchia spricht in gestochenem, schnellem Italienisch, und Peter dolmetscht.

Verrecchia: Ho assunto io la guida delle indagini in seguito alla negativa valutazione delle disdicevoli circostanze verificatesi con il mio predecessore Roverini che come è noto non è riuscito a impedire il verificarsi della scomparsa del signor Greenleaf, il quale era l'unica persona al momento passibile di incriminazione del reato di omicidio del signor Miles.

Peter (übersetzt): Er hat den Fall übernommen, weil... sie sich ärgern, daß der ... also, der Bursche davor, Dickie hat... laufen lassen, wo er doch der einzige war, er war der einzige Verdächtige für den Mord an Freddie.

Verrecchia: Quando è stata l'ultima volta che il signor Ripley ha visto il signor Greenleaf? (Wann hat Ripley Greenleaf das letzte Mal gesehen?)

Ripley vergißt, daß er angeblich nicht gut genug italienisch spricht, und antwortet.

Ripley: In Rom, vor ungefähr drei Wochen. (Er zuckt die Schultern.) *Die* Frage kannte ich schon.

Peter (wirft Ripley einen erstaunten Blick zu): *A Roma, circa tre settimane fa.*

Verrecchia: Dov'è stato il signor Ripley da allora?

Peter (übersetzt): Wo bist du seitdem gewesen?
Ripley: Auf der Rolle. So herumgestromert.
Peter: Ich weiß nicht, wie man das übersetzt. (Er versucht es.) *E' difficile... il signor Ripley... dormiva all' aperto, con un...*
Verrecchia: All'aperto? Col freddo che faceva?
Peter: Er meint, es sei ziemlich kalt, um im Freien zu schlafen.
Verrecchia: Il signor Ripley ha sviluppato tendenze omosessuali?
Peter: Bist du homosexuell? (Dann, als eigener Zusatz:) Interessanter Gedankensprung.
Ripley: Nein.
Peter (übersetzt für ihn): *No.* (Wieder als Peter, trocken:) Übrigens gibt es in Italien offiziell gar keine Homosexuellen. Peinlich für Leonardo, Michelangelo...
Ripley: Sag ihm, ich habe eine Verlobte, Dickie hat eine Verlobte, und Freddie Miles hatte vermutlich gleich mehrere Verlobte.
Peter (übersetzt): *Il signor Ripley ha una fidanzata, il signor Dickie ha una fidanzata e probabilmente il signor Freddie Miles ha molte fidanzate.*
Verrecchia (lacht): *Mamma mia, quante fidanzate!*
Sie lachen alle drei.
Ripley: Was hat er gesagt?
Peter: Er sagt, ganz schön viele Verlobte.
Verrecchia (plötzlich sehr barsch): *Lei ha ucciso prima Freddie Miles e dopo Dickie Greenleaf! Vero?*
Verrecchia beobachtet scharf, während Peter übersetzt.
Peter: Er will wissen, ob du Freddie Miles und dann Dickie Greenleaf umgebracht hast.
Ripley (entrüstet): Nein, das habe ich nicht getan. Ich habe keineswegs Freddie Miles und dann Dickie Green-

leaf umgebracht. Beschuldigt er mich? (Peter gibt die
Frage offenkundig nicht weiter.) Frag ihn, ob er mich
beschuldigt!
Peter: Warum ihn unnötig reizen, ich glaube nicht, daß –
Ripley (fällt ihm ins Wort, hitzig): Alles nur, weil er
Amerikaner nicht leiden kann!
Verrecchia: Non e questo il luogo per le vostre conversazioni private! (Ihre Privatgespräche sind hier fehl am
Platze!)
Peter (besänftigt ihn): *Ha ragione. Ha ragione.* (Sie haben recht. Sie haben recht.)
Verrecchia: Hmm. *C'è questa...* (Da ist dieser...)
Verrecchia übergibt einen Brief. Er ist geöffnet. Ripleys Name
steht auf dem Umschlag. Ripley starrt ihn an.
Verrecchia: Questa lettera è stata trovata nell'abitazione del signor Richard Greenleaf a Roma.
Peter: Den haben sie in Dickies Wohnung in Rom gefunden.
Ripley: Sie haben ihn geöffnet?
Verrecchia: Selbstverständlich!
Ripley steht auf und nimmt den Brief aus dem Umschlag. Er
beginnt zu lesen. Er macht den Eindruck eines Mannes, der
wegen der Verletzung seiner Privatsphäre tief gekränkt ist.
Ripley (zu Peter): Es ist der Abschiedsbrief eines Selbstmörders. (Zu Verrecchia:) Sie stellen mir all diese Fragen, obwohl sie Dickies Abschiedsbrief bereits kannten?

Peter Smith-Kingsleys Wohnung. Innen. Tag.

Überall Noten, Notenständer, Aufführungsplakate und Fotografien von Peter als Dirigent. Peter ist Korrepetitor. Ripley sitzt an Peters Klavier und spielt Vivaldis *Stabat Mater* vom Blatt. Peter hat das Abendessen zubereitet. Er deckt den Tisch.

Peter: Kannst du dir das vorstellen, wenn Dickie tatsächlich Freddie umgebracht hat, wie ihm da zumute sein muß? Jeden Morgen aufzuwachen, wie schafft man das? Einfach aufzuwachen, ein Mensch zu sein, Kaffee zu trinken...?

Ripley: Was immer man tut, wie schrecklich auch immer, wie verletzend auch immer – es paßt doch alles logisch zusammen, oder? In deinem eigenen Kopf. Man trifft doch nie jemanden, der sich selbst für einen schlechten Menschen hält, oder für einen grausamen.

Peter: Aber es quält einen doch, es muß einen quälen, man hat einen Menschen umgebracht...

Ripley: Steckst *du* die Vergangenheit nicht in einen Kellerraum und schließt die Tür ab und gehst einfach nie mehr dort hinein? Ich jedenfalls mache es so.

Peter: Wahrscheinlich. In meinem Fall ist es vermutlich ein ganzes Haus.

Ripley: Dann begegnest du jemandem, der etwas Besonderes für dich ist, und möchtest nichts lieber tun, als ihm den Schlüssel zuzuwerfen und zu sagen, mach auf, tritt ein, aber du kannst es nicht, weil es dunkel ist und weil es von Dämonen wimmelt, und wenn jetzt irgend jemand sähe, wie häßlich es da aussieht...

Peter ist hinter ihn getreten und beugt sich über ihn.

Peter: Das ist die Musik, die aus dir spricht. Es würde sich gleich weniger trostlos anhören, wenn du *Knees up, Mother Brown* spielen würdest.

Er improvisiert diesen Vaudeville-Schlager über Ripleys Schultern hinweg.

Ripley: Ich wünsche mir immer, ich könnte das tun – die Tür aufreißen – Licht hereinlassen, alles entrümpeln.

Wenn ich irgendwo einen riesigen Radiergummi bekommen und alles ausradieren könnte ... mit mir selbst angefangen ... die Sache ist die, Peter, wenn ...
Peter (als Ripley verstummt): Schlüssel verloren, hm?

Santa Maria della Pietà, Seufzerbrücke. Innen. Tag.

Ein Knabe singt den Sopranpart von Vivaldis *Stabat Mater*. Ein fast schmerzhaft reiner Klang in der Kirche, in der einst Vivaldi wirkte. Peter probt mit dem Orchester und dirigiert von der Orgel aus.
Ripley schlüpft durch den hinteren Eingang in die Kirche. Er bleibt stehen und hört zu. Peter bemerkt ihn, lächelt. Ripley lächelt zurück.

Venedig, Bahnhof Santa Lucia. Außen. Tag.

Marge erscheint auf den Stufen mit einer Reisetasche. Ripley und Peter sind zum Bahnhof gekommen, um sie abzuholen.
Marge (umarmt Peter): Peter, schön dich zu sehen!
Ripley: Hallo, Marge!
Marge (kühl): Tom.
Sie gehen auf ein Wassertaxi zu.
Marge: Also hast du Peter gefunden ...
Peter: Ich glaube, wir haben uns irgendwie gegenseitig gefunden.
Marge lächelt rätselhaft, was Ripley nicht entgeht.
Peter: Wo ist Dickies Vater?
Marge: Er kommt erst morgen früh. Offenbar macht ihm der Magen – ich glaube, das Essen hier bekommt ihm nicht gut.

Ripley: Dabei hatte ich mich schon so auf das Wiedersehen gefreut.
Marge: Dickie hat sich nicht umgebracht. Da bin ich sicher. Ein Privatdetektiv hat jetzt den Fall übernommen – ein Mr. MacCarron – im Auftrag von Dickies Vater.
Ripley: Das ist eine großartige Idee.
Marge: Ein Amerikaner. Er hat bereits herausgefunden, daß Dickie am Tag vor seinem Verschwinden Schecks im Wert von über 1000 Dollar eingelöst hat.
Sie steigen ins Wassertaxi.
Marge: Macht man so etwas, bevor man in den Tiber springt? Ich glaube nicht.

Ripleys Haus in Venedig. Außen. Tag.

Das Boot legt beim Haus an. Peter schließt auf, während Ripley Marges Gepäck holt.
Marge (zu Peter): Da wohnst du?
Peter: Nein, Tom. Eine Pracht, nicht?
Marge: Allerdings! Wer kommt denn dafür auf?
Ripley: Peter hat es für mich entdeckt. Ich kann es mir leisten, weil es feucht ist und – und baufällig.

Ripleys Haus in Venedig. Innen. Tag.

Marge betritt das Wohnzimmer und ist beeindruckt von dessen Großartigkeit. Sie sieht sich um, während Ripley auf die Bar zusteuert.
Marge: Ganz schön üppig.
Peter: Deshalb wollte Tom auch, daß du hier wohnst.

Statt bei mir in meiner engen Bude, zumal du ja ungern im Hotel wohnst.
Marge: Ein Hotel wäre schon in Ordnung gewesen. (Zu Ripley:) Wir müssen Mr. Greenleaf erzählen, wie weit sein Taschengeld gereicht hat.

Ripley ist dabei, einen Martini zu mixen. Marge lacht auf, hilflos, irgendwie wütend. Peter dreht sich um.

Peter: Was ist so lustig?
Marge: Nichts, gar nichts. Ich mußte nur daran denken, wie Tom in Mongi ankam. (Zu Ripley:) Und jetzt schau dich nur an!
Ripley: Wie, mich anschauen?
Marge: Wie hineingeboren.

Markusplatz, Venedig. Außen. Tag.

Der Markusplatz sprudelt über vor Lebendigkeit. Touristen, Luftballonverkäufer – jemand spielt Saxophon. Herbert Greenleaf sitzt in der Kolonnade an einem der zahlreichen Tische des Caffè Florian, ein Glas heißes Wasser vor sich. Er erhebt sich, um Marge und Ripley zu begrüßen.

Ripley: Mr. Greenleaf.
Herbert Greenleaf: Tom. Wie geht's? Sie sehen gut aus.
Ripley: Mir geht es gut, danke.
Herbert Greenleaf: New York ist weit weg, was?
Ripley: Das ist es, ja.
Herbert Greenleaf: Marge, guten Morgen. Ungewöhnliches Wetter, heute.
Marge: Sehr ungewöhnlich.
Ripley: Und Sie, Sir? Geht es Ihnen wieder besser?
Herbert Greenleaf: Einigermaßen. Ich halte mich an heißes Wasser.

Marge: Wo ist Mr. MacCarron?
Herbert Greenleaf: San Remo. Alles Amateure, die Polizei. Nun, mein Junge, sieht ganz schön übel aus, nicht wahr?
Ripley: Ja. – Was hofft der Detektiv denn in San Remo herauszufinden?
Herbert Greenleaf: Er ist nur gründlich, das ist alles. Ich erfahre etwas über meinen Sohn, Tom, jetzt, da er vermißt wird. Ich erfahre eine ganze Menge über ihn. Ich hoffe, Sie können für mich ein paar weitere Lücken schließen. Marge hat das freundlicherweise für Mongibello bereits getan.
Ripley: So gut ich kann, Sir. Natürlich werde ich alles tun, um Dickie zu helfen.
Marge sieht ihn voller Verachtung an.
Herbert Greenleaf: Diese Theorie, der Brief, den er für Sie hinterlassen hat – die Polizei glaubt, das ist ein sicherer Hinweis darauf, daß er vorhatte, sich ... etwas anzutun.
Marge: Das kann ich einfach nicht glauben!
Herbert Greenleaf: Sie möchten es nicht glauben, liebe Marge. Ich würde mich gern einmal mit Tom allein unterhalten – vielleicht heute nachmittag? Marge, was ein Mann manchmal seiner Liebsten sagt und was er vielleicht vor einem anderen Mann zugibt –
Marge: Was denn zum Beispiel?
Herbert Greenleaf: Was für eine Vergeudung von Chancen und Zukunftsaussichten und –
Der Saxophonist auf der Piazza schmettert unentwegt vor sich hin. Greenleaf fährt plötzlich aus der Haut.
Herbert Greenleaf: Ich würde dem Kerl glatt hundert Dollar zahlen, wenn er nur endlich aufhörte!

Ripleys Haus. Innen. Nachmittag.

Herbert Greenleaf sitzt auf einem Stuhl, Ripley gießt ihm Tee ein.
>   *Herbert Greenleaf* (liest, verfällt in dumpfes Brüten): Nein, Marge weiß nicht mal die Hälfte.
>   *Ripley:* Es würde sie bestimmt verletzen, wenn sie es wüßte.
>   *Herbert Greenleaf:* Und sein Paßbild? Haben Sie das mitbekommen? Das eigene Gesicht so auszukratzen – können Sie sich das vorstellen – in welcher Verfassung man dazu sein muß! (Liest laut:) *Ich habe schon daran gedacht, zur Polizei zu gehen, aber ich bringe es nicht fertig, ich schaffe es nicht, ich schaffe überhaupt nichts mehr.*
>   *Ripley:* Ich fühle mich schuldig. Ich fühle mich, als hätte ich ihn zurückgestoßen. *Ich* habe mit ihm geredet, aber er hat Ihre Stimme gehört.
>   *Herbert Greenleaf* (ganz der enttäuschte Vater): Und wenn wir ihn alle zurückgestoßen haben – aber er, hat er uns nicht auch zurückgestoßen? Sie sind meinem Sohn ein großartiger Freund gewesen. Immer ist jemand anders schuld. Die Hörner abstoßen muß sich jeder. Aber einer muß – wie heißt es noch mal? (Ripley schüttelt den Kopf.) Sobald ihm jemand auf den Pelz rückt, schlägt er um sich. Er schlägt um sich. Es heißt immer, man kann sich seine Eltern nicht aussuchen, aber seine Kinder kann man sich auch nicht aussuchen.

Ripleys Haus in Venedig. Innen. Abenddämmerung.

Ripley erwacht schaudernd aus einem fürchterlichen Alptraum, den Kopf voller Gespenster. Er kauert verkrampft in einem Sessel, die Arme gekreuzt in embryonaler Schutzhaltung. Der Türklopfer wird wiederholt betätigt. Er kommt mühsam zu sich, stolpert zur Tür. Es sind Peter und Marge.
Ripley: Tut mir leid, ich habe geschlafen. Ich muß eingenickt sein.
Peter: Du siehst grauenhaft aus, Tom. Ist mit dir alles in Ordnung?
Marge: Ist Dickies Vater gegangen?
Ripley: Er wollte früh zu Bett gehen.
Marge: Der arme Mann. (Sie geht auf ihr Zimmer zu.) Wir haben stundenlang geklopft! (Sie tastet im Armausschnitt ihres Kleides herum.) Ich glaube, der Träger ist gerissen.
Peter: Ich war's nicht!
Ripley: Ich mache uns was zu trinken.
Marge: Man *geht zu Fuß* in Venedig!
Sie schlüpft aus den Schuhen und greift sich vorsichtig prüfend an die Fußsohle. Dann verschwindet sie in ihrem Zimmer. Peter wendet sich besorgt an Ripley.
Peter: Ist mit dir alles in Ordnung?
Ripley: Mir geht's gut.
Peter (legt ihm eine Hand auf die Schulter): Möchtest du, daß ich hierbleibe?
Ripley: Ich komme schon zurecht.
Peter: Ich könnte auch wiederkommen.
Ripley sieht ihn an. Das ist noch nie passiert. Er wühlt in der Hosentasche, findet seinen Hausschlüssel und gibt ihn Peter. Peter lächelt.
Peter: Dein Schlüssel.

Ripleys Badezimmer, Venedig. Innen. Später Abend.

Ripley ist im Bad. Marge klopft an die Tür.
> *Marge* (aus dem Off): Tom?
> *Ripley:* Marge, ich bin im Bad. Dauert nicht lang.
> *Marge* (aus dem Off): Tom, ich muß mit dir reden. Es ist dringend.

Ripley, leicht verärgert, öffnet die Tür, ein Handtuch um die Hüften geschlungen. Marge ist leichenblaß. Sie trägt einen Bademantel. Sie ist ein wenig außer Atem.
> *Marge:* Ich habe Dickies Ringe gefunden.
> *Ripley:* Was?
> *Marge:* Du hast Dickies Ringe.
> *Ripley:* Ich kann's dir erklären.

Er kann es nicht. Seine Blicke zucken von einem Punkt zum anderen. Marge hält das Beweisstück hoch.
> *Marge:* Dickie hat mir versprochen, er würde diesen Ring niemals ablegen.
> *Ripley:* Ich ziehe mir nur schnell etwas an, und dann können wir darüber reden.
> *Marge:* Ich muß das Mr. Greenleaf erzählen. Ich muß das Mr. Greenleaf erzählen. Ich muß das Mr. Greenleaf erzählen.
> *Ripley:* Marge, beruhige dich, du wirst ja hysterisch.
> *Marge:* Er hat es mir versprochen. *Ich schwöre, daß ich diesen Ring nie mehr abnehmen werde bis zu dem Tag, an dem –*
> *Ripley:* Halt den Mund! Halt den Mund!

Das Handtuch rutscht ihm von der Hüfte.
> *Ripley:* Ich bin ganz naß, Marge, ich habe mein Handtuch verloren, ich würde mir wirklich gern etwas anziehen. Also geh bitte und gieß uns beiden etwas zu trinken ein, ja?

Sie gehorcht und geht, wie ein Zombie. Er schließt die Tür. Sofort sieht er sich um nach etwas, nach irgend etwas, mit dem er Marge umbringen kann. Er wiegt prüfend einen Schuh in der Hand, läßt ihn wieder fallen. Er öffnet Schränkchen, zieht Schubladen heraus – eine Nagelschere, nichts –, dann nimmt er sein Rasiermesser in die Hand und betrachtet es prüfend im Spiegel.

Ripleys Wohnzimmer, Venedig. Innen. Spät am Abend.

Marge ist dabei zu gehen, bereits im Mantel, als Ripley aus dem Badezimmer kommt.
Ripley: Marge! Wohin willst du?
Marge (wie ein Tier, das im Scheinwerferlicht gefangen ist): Ich habe nur Nähzeug gesucht. Ich habe nicht herumgeschnüffelt. Ich habe nur Nähzeug gesucht, um meinen BH in Ordnung zu bringen.
Ripley: Das Parfum, das du gerade benutzt. *Ich* habe es für dich gekauft, nicht Dickie. Dickie ist ein Fall für sich. In jeder Beziehung. An dem Tag, als er so spät aus Rom zurückkam – ich habe versucht, es dir zu sagen –, da war er mit einem anderen Mädchen zusammen. Ich rede nicht von Meredith. Ein anderes Mädchen, das wir in einer Bar getroffen haben. Er konnte keine fünf Minuten treu sein. Wenn er also etwas verspricht, dann bedeutet es nicht dasselbe wie bei dir – oder bei mir. Es gibt so viele Wirklichkeiten für ihn, für Dickie, und er glaubt an alle gleichzeitig. Er lügt. Er lügt, das ist sein... meistens merkt er es nicht einmal.
Ein kleiner roter Fleck entsteht auf der Tasche seines Bademantels. Der Fleck breitet sich aus, während er redet. Er starrt abwesend darauf.

Ripley: Heute habe ich mich sogar zum ersten Mal gefragt, ob er nicht vielleicht wirklich Freddie umgebracht hat. Er brauste immer dermaßen auf, wenn ihm jemand widersprach – aber das weißt du ja. Marge. Ich habe dich geliebt – du kannst es ruhig wissen –, ich habe dich geliebt, und weil er wußte, daß ich dich liebte, ließ er dich glauben, daß ich *ihn* liebte. Hast du es nicht gemerkt, konntest du es nicht merken? Vielleicht ist es ja völlig deplaziert: Also schreib einfach auf, was ich dir jetzt sage, und steck den Zettel ins Portemonnaie für schlechte Zeiten. *Tom liebt mich.*

Marge (als hätte sie gar nicht zugehört): Warum hast du Dickies Ringe?

Seine Hand umklammert das Messer in der Tasche. Er wird es tun müssen.

Ripley: Ich habe es dir gesagt. Er hat sie mir geschenkt.

Marge: Warum? Wann?

Ripley: Es kommt mir so vor, als hättest du überhaupt nicht gehört, was ich gesagt habe.

Marge: Ich glaube dir nicht.

Ripley: Es ist alles wahr.

Marge: Ich glaube dir kein Wort.

Marge zittert. Ripley, bedrohlich, kommt auf sie zu. Sie weicht zurück.

Ripley: Du zitterst ja, Marge. Kann ich dich in den Arm nehmen? Darf ich?

Marge gerät in Panik, weicht zur Tür zurück. Sie schreit auf, dreht sich um und läuft geradewegs einem erstaunten Peter in die Arme, der soeben die Tür aufschließt.

Marge (bricht in haltloses Schluchzen aus): Oh, Peter! Bring mich hier weg!

Ripley stürmt davon. Er zieht die Hand aus der Tasche. Sie ist von dem Rasiermesser ganz blutig. Peter bemerkt es entsetzt.

Peter: Tom, ist alles in Ordnung mit dir?
Ripley: Versuch du's. Versuch du mit ihr zu reden.
Peter (ruft ihm nach): Tom. Tom! Sag mal, was geht hier eigentlich vor?
Ripley (ohne sich umzudrehen): Ich geb's auf.

Ripleys Wohnzimmer, Venedig. Innen. Spät am Abend.

Peter hat gerade ein Heftpflaster auf Ripleys verletzte Hand geklebt.

Peter: Du darfst ihr nicht böse sein. Sie ist aufgeregt und braucht jemanden, dem sie die Schuld geben kann. Also macht sie dich zum Sündenbock. Ich gehe jetzt nach Hause und rede mit ihr. Und du – besorg dir lieber einen Rasierapparat oder laß dir einen Bart wachsen.

Lobby im Hotel Europa Regina, Venedig. Innen. Morgen.

Ripley kommt eilig durch die marmorverkleidete Halle.

Herbert Greenleafs Suite im Europa Regina. Innen. Tag.

Ripley klopft. Die Tür wird von einem untersetzten Mann mittleren Alters geöffnet, den Ripley nicht kennt. Es ist MacCarron, der Privatdetektiv.

Ripley: Ist Mr. Greenleaf da?
MacCarron: Mr. Ripley? Ich bin Alvin MacCarron.
Marge (aus dem Off): Ich weiß nicht warum – ich weiß es einfach.

Herbert Greenleaf (aus dem Off): Marge, weibliche Intuition ist eine Sache, Fakten sind eine andere. –

Greenleaf sitzt mit Marge zusammen, die ziemlich mitgenommen aussieht und das Haar streng zurückgekämmt trägt, wie eine junge Witwe. Auf dem Beistelltischchen liegen glitzernd die Ringe.

Herbert Greenleaf: Tom.

Ripley: Guten Tag, Sir. (Er zeigt Marge ein dünnes Lächeln.) Marge, du hättest warten sollen, hat Peter dir nicht gesagt, daß ich dich abholen würde?

Herbert Greenleaf: Marge hat uns gerade von den Ringen erzählt.

Ripley: Wissen Sie, ich komme mir ganz albern vor, daß ich sie gestern nicht erwähnt habe – ich habe es glatt vergessen – albern.

Herbert Greenleaf: Vielleicht haben Sie sie nicht erwähnt, weil man nur einen einzigen Schluß daraus ziehen kann.

Ripley macht sich Gedanken, was dieser Schluß wohl sein könnte, während Mr. Greenleaf in sein Schlafzimmer hinübergeht.

Herbert Greenleaf: Ich werde mit Marge einen kleinen Spaziergang machen, Tom. Mr. MacCarron möchte sich mit Ihnen unterhalten.

Ripley (fühlt sich in der Falle): Wir könnten nach unten in die Bar gehen – Sie brauchen nicht extra –

Herbert Greenleaf: Nein, er sollte mit Ihnen allein reden.

Er reicht Marge die Hand zum Aufstehen und führt sie hinaus. Ripley ist wie gelähmt. Er wartet, daß die Tür sich schließt. Er geht auf die Terrasse hinaus, hat aber keinen Blick für das atemberaubend schöne Panorama.

Terrasse von Herbert Greenleafs Suite, Hotel Europa Regina. Außen. Tag.

Ripley steht auf der Terrasse und wappnet sich gegen die Vorwürfe MacCarrons.
 Ripley: Wahrscheinlich könnte ich von hier aus in mein Schlafzimmer sehen. Mein Haus kann ich sehen. Aus der Ferne gesehen erscheint das eigene Zuhause seltsam unwirklich...
 MacCarron (tritt ins Freie): Ich hör' mir ungern Unsinn an. Ich red' auch selber keinen.
 Ripley: Okay.
 MacCarron: Aus welchem Grund hat Dickies Vater ihn wohl überhaupt erst nach Europa geschickt, was meinen Sie? Wußten Sie, daß Dickie Greenleaf in Princeton einen Burschen halb totgeschlagen hat?
Ripley wendet sich schockiert um.
 MacCarron: Bei einer Party. Wegen irgendeines Mädchens. Er trat den Jungen mehrere Male gegen den Kopf. Krankenhausreif. Der Junge mußte sich Stahlklammern in den Kiefer einsetzen lassen. Die Polizei in Rom kam nicht darauf, Mr. Greenleaf zu fragen. Sie kam auch nicht darauf, nachzuprüfen, ob jemals ein Thomas Ripley in Princeton studiert hat. Ich habe einen Tom Ripley gefunden, der mal Klavierstimmer an der Musikfakultät gewesen ist.
Ripley läßt den Kopf sinken.
 MacCarron: Sehen Sie – in Amerika bringt man uns bei, eine Tatsache zu überprüfen, bevor sie zur Tatsache wird. Man bringt uns bei, ein bißchen herumzuschnüffeln, wenn sich ein Mädchen ertränkt. Rauszukriegen, ob dieses Mädchen schwanger war, rauszukriegen, ob das Dickie vielleicht in Verlegenheit gebracht hätte.

Ripley weiß nicht, worauf dieses verbale Sperrfeuer abzielt.

MacCarron: Mr. Greenleaf schätzt Ihre Loyalität. Und zwar sehr. Marge, naja, sie hat hundert Theorien, aber es gibt ein paar Dinge, von denen sie nichts weiß. Wir hoffen, sie wird sie nie erfahren.

Ripley: Ich hoffe, sie wird sie nie erfahren.

MacCarron: Drei verschiedene Personen sahen, wie Dickie in Freddie Miles' Auto stieg. Ein Mann, der nicht genannt sein will, weil er es gerade mit der Frau eines anderen trieb, sah, wie Dickie die Nummernschilder von einem roten Sportwagen abschraubte. Die Polizei weiß von diesem Mann, weil er zufällig Polizist ist.

Er geht hinein und kommt mit den Nummernschildern von Freddies Wagen zurück.

MacCarron: Die hier habe ich im Keller von Dickies Appartement gefunden. Sie gehörten zu Freddies Wagen. Mr. Greenleaf hat mich gebeten, sie heute abend zufällig irgendwo im Kanal zu verlieren.

Ripley kann nicht glauben, was er da hört. Es ist wie ein Traum.

MacCarron: Mr. Greenleaf ist auch der Auffassung, daß Dickies Brief an Sie ein indirektes Versprechen enthielt, das er einzulösen gedenkt. Er gedenkt, einen beträchtlichen Teil aus Dickies Einkommen aus seinem Trust auf Ihren Namen zu überschreiben. Er gedenkt nicht, die italienische Polizei über Dickies Vergangenheit aufzuklären, und er hofft sehr, daß Sie es genauso halten werden.

Pause, in der diese seltsame Abmachung stillschweigend besiegelt wird.

Anlegestelle des Europa Regina Hotels. Außen. Tag.

Ripley steht mit Marge, Mr. Greenleaf und MacCarron am Rand des Kanals, der Motor der Barkasse läuft bereits. Man gibt sich die Hand, dann steigen MacCarron und Mr. Greenleaf in die Barkasse. Herbert Greenleaf trägt den Saxophonkoffer.

Ripley (zu Marge): Ich glaube, ich hätte dir das Geständnis von gestern abend nie machen dürfen. Ich war ziemlich durcheinander, wegen der Ringe und – und du hast so... warst so außer dir.

Marge schüttelt den Kopf, um ihn zum Schweigen zu bringen.

Ripley: Aber ich hoffe, dieser Zettel reist mit nach New York, in deinem Portemonnaie, für schlechte Zeiten.

Marge: Was wirst du jetzt tun, Tom?

Ripley: Ich weiß nicht. Peter hat nächsten Monat ein Konzert in Athen – und er hat mich gefragt, ob ich mitkommen möchte, ihm ein bißchen Gesellschaft zu leisten. Ich soll dir übrigens von ihm auf Wiedersehen sagen – er hat Probe, sonst –

Marge: Warum glaube ich nur, daß es schlechte Zeiten für einen Ripley nie gegeben hat?

Ripley: Was?

Marge (geht unvermittelt auf ihn los): Ich weiß, daß du es warst – ich weiß, daß du es warst, Tom. Ich weiß, daß du es warst. Ich weiß, daß du Dickie umgebracht hast. Ich weiß, daß du es warst.

Ripley: Oh, Marge.

Er streckt die Hand aus, will ihr Einhalt gebieten. Sie schlägt sie weg, beginnt auf ihn einzuschlagen, so voller Wut, daß Ripley sein Gesicht schützen muß. MacCarron kommt vom Boot, um sie zurückzuhalten. Ripley sieht ihn an, als wolle er sagen, *was kann man da machen, sie ist hysterisch.* Mac-

Carron nickt, zieht sie ins Boot. Herbert Greenleaf erhascht Ripleys Blick, wendet sich dann schuldbewußt weg. Im Gegenlicht zeichnen sich ihre Silhouetten ab, als die Barkasse ablegt und mit aufheulendem Motor zum offenen Wasser hin Fahrt gewinnt, vorüber an den kleinen Flotten von Gondeln.

Fährschiff nach Athen, Neapel. Außen. Tag.

Eine Woche ist vergangen, und Peter und Ripley sind an Deck des Fährschiffes, der *Hellenes,* die nach Griechenland unterwegs ist. Sie lachen.
    Ripley: Frag mich, was ich an diesem Augenblick gern ändern würde.
    Peter: Was würdest du an diesem Augenblick gern ändern?
    Ripley: Nichts.

Peters Kabine. Innen. Abenddämmerung.

Peter, im Bademantel, sortiert seine Münzen und Reiseschecks. Ripley klopft an die Tür, tritt ein.
    Peter: Hallo. Was hast du vor?
    Ripley: Alles mögliche. Pläne schmieden.
    Peter: Pläne – gut. Für heute abend oder für die Zukunft?
    Ripley: Weiß nicht. Sowohl als auch. Im Moment habe ich vor, an Deck zu gehen und mir den Sonnenuntergang anzusehen. Komm doch mit.
    Peter: Geh du nur. Ich mag mich noch nicht anziehen. Komm aber wieder. Komm wieder. (Lächelt ihn an.)

Weißt du, du siehst so entspannt aus, wie ein völlig anderer Mensch.
Ripley: Das liegt nur an dir. Und wenn ich über Bord fallen sollte, dann liegt das auch nur an dir.

Deck der ›Hellenes‹. Außen. Sonnenuntergang.

Ripley steht an Deck und schaut gebannt in den prächtigen Sonnenuntergang. Dann schreckt ihn eine Stimme aus seinen Träumereien auf.
Meredith: Dickie? Dickie?
Er dreht sich um. Er ist gefangen. Plötzlich ist er Dickie.
Meredith: Dickie, mein Gott!
Ripley: Hallo, Meredith.
Meredith: Ich habe dich angesehen, deine Kleidung, ich hätte dich fast nicht wiedererkannt...
Ripley: Gut, du hast mich gefunden, und jetzt bekommst du die Belohnung.
Meredith: Was?
Ripley: War nur Spaß. Bist du allein?
Meredith: Kaum. Ich könnte nicht weniger allein sein.
Meredith deutet zur Reling des Oberdecks, wo zwei ältere Paare spazierengehen.
Ripley: Natürlich. Tante Joan.
Meredith: Und Co. Jede Menge Co. O Gott, ich mußte so oft an dich denken!
Ripley: Ich mußte auch an dich denken.
Und jetzt denkt er, *ich kann sie doch nicht alle umbringen...*
Meredith: Und wenn ich an dich gedacht habe, dann habe ich dich meistens verabscheut. Wo hast du dich bloß versteckt?
Ripley: Ich habe mich nicht versteckt. Ich war in poli-

zeilichem Gewahrsam. Sie haben versucht, Freddies Mörder aufzustöbern.
Meredith: Du machst Witze.
Ripley: Sie haben mir diese Ferien erlaubt. Das ist auch der Grund für meinen Aufzug. Das ist auch der Grund, warum du nichts von mir gehört hast.
Meredith: Weißt du, daß alle Welt glaubt, du hättest Freddie umgebracht? Ganz schrecklich.
Ripley: Ich weiß. Paß mal auf, ich kann mich jetzt nicht weiter unterhalten. Später. Später?
Er küßt sie. Ein verheißungsvoller Kuß.
Meredith: Also – reist du wieder unter R?
Ripley: Denk dir – genau das.
Meredith: Dickie, bist du mit Peter Smith-Kingsley zusammen? Ich würde drauf wetten. Meine Tante glaubt, sie hat ihn gesehen.
Ripley (zutiefst erschrocken): Peter Smith-Kingsley? Ich habe ihn seit Monaten nicht getroffen. Nein, ich bin allein. (Und er versteht, daß das nicht einmal gelogen ist.)

Peters Kabine. Innen. Nacht.

Peter arbeitet an seiner Partitur, auf dem Bauch liegend, offensichtlich völlig vertieft. Ripley klopft und tritt ein. Schaut Peter lange an.
Peter: Wie war's?
Ripley: Schön. Aber ich glaube, wir sollten für den Rest der Fahrt hier drin bleiben.
Peter: War das Meredith?
Ripley (seufzt): War *wer* Meredith?
Peter: Meredith Logue. Du hast jemanden geküßt. Sah ganz wie Meredith aus.

Ripley: Geküßt wohl kaum. Abschiedsküßchen.
Peter: Sah nicht danach aus – von fern, jedenfalls.
Ripley: Ich habe gelogen. Sie angelogen. Sie meinte, sie hätte dich gesehen.
Peter: Warum lügen?
Ripley: Dickie und Peter, das ist eine prima Tratschgeschichte, oder?
Peter: Und erstmal *Tom* und Peter.
Ripley: Das wäre eine noch bessere Tratschgeschichte.
Peter: Tatsächlich. Wieso das? (Er hat völlig die Orientierung verloren.) 'tschuldige, ich habe völlig die Orientierung verloren.
Ripley: Ich weiß. Ich habe auch die Orientierung verloren. Jetzt sitze ich also im Keller fest, oder, das ist mein, das ist mein... – – so schrecklich und einsam und dunkel – und ich habe alle belogen, keiner weiß, wer ich bin, wo ich bin, und deswegen wird mich niemand finden.
Peter: Was meinst du mit: Keiner weiß, wer ich bin?
Ripley: Ich habe wohl immer geglaubt – es ist besser, ein falscher Jemand zu sein als ein echter Niemand.
Peter: Was redest du da – du bist doch kein Niemand! Das doch nun gerade nicht!
Ripley: Peter, ich... ich...
Peter (beschwichtigend): Und vergiß nicht – ich habe den Schlüssel!
Ripley: Du hast den Schlüssel. Erzähl mir etwas Gutes über Tom Ripley. Steh nicht auf. Sag nur etwas Nettes.

Er setzt sich auf das Bett, lehnt sich an Peter. Tränen stehen ihm in den Augen. Er zieht den Gürtel aus Peters Bademantel und beginnt ihn in den Händen zu drehen.

Peter: Etwas Gutes über Tom Ripley? Könnte einige Zeit in Anspruch nehmen!... Tom ist talentiert. Tom ist zärtlich... Tom ist schön...

> *Ripley* (dazwischen, sehr sanft): Was bist du nur für ein Lügner…
> *Peter:* …Tom ist ein Mysterium…

Ripley drängt sich an ihn, schiebt sich an seinem Körper aufwärts, küßt ihn auf die Schulter, den Gürtel eng um die Hände geschlungen…

Ripleys Kabine. Innen. Nacht.

Ripley kehrt in seine Kabine zurück. Setzt sich aufs Bett, verzweifelt.

> *Stimme Peters:* …Tom ist kein Niemand. Tom hat Geheimnisse, die er mir nicht erzählen will, und ich wünschte, er täte es. Tom hat Alpträume. Das ist nicht gut. Tom hat jemand, der ihn liebt. Das ist gut! (Er fühlt Ripleys Gewicht auf sich lasten.) Tom erdrückt mich. Tom erdrückt mich. (Plötzlich voller Panik:) Tom, du erdrückst mich!

Die Tür seines Garderobenschranks schwingt mit dem Seegang auf, und Ripley erhascht einen Blick auf sein Spiegelbild. Sie schwingt wieder zurück. Geht auf, geht wieder zu. Durch das Bullauge sieht man, wie das letzte Abendlicht vergeht. Es frischt merklich auf. Mit dem Wellengang steigt und fällt der Horizont in dem runden Glas. Ripley sitzt, ganz allein, in einem Alptraum, den er selbst geschaffen hat.

ENDE

Lullaby for Cain	Wiegenlied für Kain

From the silence
from the night
comes a distant lullaby

Cry, remember that first cry
your brother standing by
   and loved
   both loved
beloved sons of mine
sing a lullaby
mother is close by
innocent eyes
such innocent eyes

Envy stole your brother's life
came home murdered peace of mind
left you nightmares on the pillow
   sleep now

Soul, surrendering your soul
the heart of you not whole
   for love
   but love
   what toll

Cast into the dark
branded with the mark
   of shame
   of Cain

From the gardens of God's light
to a wilderness of night
   sleep now

   sleep now.

Aus dem Schweigen
aus der Nacht
klingt von fern ein Wiegenlied

Weine, denk an jenen ersten Schrei
dein Bruder stand dabei
   geliebt
   beide geliebt
meine beiden geliebten Söhne
Sing ein Wiegenlied
Mutter ist bei dir
unschuldige Augen, so
unschuldige Augen.

Neid stahl deines Bruders Leben
tötete den Seelenfrieden
legte böse Träume dir aufs Kissen
   schlaf jetzt ein

Ach, die Seele hinzugeben
Stückwerk ist dein Herz
   der Liebe wegen
   nur der Liebe wegen
   welcher Preis

Ins Dunkel verbannt
das Schandmal eingebrannt
   das Zeichen
   Kains

Vom Garten, dem Gott Licht gebracht
in die Wildnisse der Nacht
   schlaf nun

   schlaf.

Stabangaben

Miramax präsentiert: Eine Paramount-Produktion.
Ein Film von Anthony Minghella

Der talentierte Mr. Ripley
(Originaltitel: The Talented Mr. Ripley)
1999

Produzenten	William Horberg
	Tom Sternberg
Co-Produzent	Paul Zaentz
Herstellungsleitung	Sydney Pollack
Drehbuch	Anthony Minghella, nach dem Roman ›Der talentierte Mr. Ripley‹ von Patricia Highsmith
Kameraführung	John Seale
Szenenbild	Roy Walker
Schnitt	Walter Murch
Kostümbild	Gary Jones
	Ann Roth
Musik	Gabriel Yared
Besetzung	David Rubin

Darsteller

Tom Ripley	Matt Damon
Marge Sherwood	Gwyneth Paltrow
Dickie Greenleaf	Jude Law
Meredith Logue	Cate Blanchett
Freddie Miles	Philip Seymour Hoffman
Peter Smith-Kingsley	Jack Davenport
Herbert Greenleaf	James Redborn
Commissario Roverini	Sergio Rubini
Alvin MacCarron	Philip Baker Hall
Tante Joan	Celia Weston
Colonnello Verrecchia	Ivano Marescotti
Fausto	Rosario Fiorello
Silvana	Stefania Rocca